ESTRATÉGIAS de ENSINO 14

Audrei Gesser

LIBRAS? que língua é essa?

CRENÇAS E PRECONCEITOS EM TORNO DA LÍNGUA DE SINAIS E DA REALIDADE SURDA

parábola

Capa e Projeto Gráfico: Andréia Custódio
Imagens da capa: banco de imagens Stockxpert®

CIP-BRASIL. CATALOGAÇÃO NA FONTE
SINDICATO NACIONAL DOS EDITORES DE LIVROS, RJ

G332L

Gesser, Audrei, 1971-
LIBRAS? : Que língua é essa? : crenças e preconceitos em torno da língua de sinais e da realidade surda / Audrei Gesser ; [prefácio de Pedro M. Garcez]. - São Paulo : Parábola Editorial, 2009.
(Estratégias de ensino ; 14)

Inclui bibliografia
ISBN 978-85-7934-001-7

1. Língua de sinais. 2. Língua brasileira de sinais. 3. Surdos - Educação. 4. Surdos - Linguagem. 5. Surdez. I. Título. II. Série.
09-3807 CDD: 419
CDU 81'221.24

Direitos reservados à
PARÁBOLA EDITORIAL
Rua Dr. Mário Vicente, 394 - Ipiranga
04270-000 São Paulo, SP
[11] 5061-9262 | [11] 98763-3590
www.parabolaeditorial.com.br
parabola@parabolaeditorial.com.br

ISBN: 978-85-7934-001-7

1ª edição, 23ª reimpressão: agosto de 2025

Sumário

PREFÁCIO

De um ideal precário à articulação do óbvio que ainda precisa ser dito

Pedro M. Garcez

O celebrado sociólogo Erving Goffman, na madureza de sua obra final, articula o ideal de todo palestrante de que a platéia esteja de fato engajada na escuta do que ele diz pelo que diz, e que assim seja levada bem além do auditório para os cenários e ocasiões no mundo onde o tema de que trata se faz vividamente relevante. Além de ser um ideal, esse é ainda um ideal precário, porque escutar é bem mais que ouvir.

Foi num encontro de sala de aula em meados da já distante década de 1990 que, hoje sei, fui escutado, e o meu ideal precário tomou contornos definidos. Tratava da natureza da linguagem natural humana, me dirigindo a ingressantes no mestrado em inglês da Universidade Federal de Santa Catarina, quando surgiu a questão — fascinante e ainda incrivelmente desconhecida da platéia — de que as línguas de sinais são línguas naturais tão humanas quanto as demais e que não se limitam a um código restrito de transposição das letras do alfabeto.

Tive indícios de ter sido escutado logo quando se apresentou diante de mim uma aluna com sua curiosidade, que resulta na presente obra. De um ensaio sobre as questões suscitadas pela discussão na disciplina, ela seguiu para localizar os espaços antes invisíveis na universidade, onde a LIBRAS poderia estar disponível, aí encontrando a própria língua, seus usuários protagonistas, os surdos, bem como pais e educadores de surdos, e uma prosaica gente como a gente, interessada em conceber um mundo feito também por quem, sem ouvir, pode escutar.

O percurso não parou aí, e Audrei engajou-se em pesquisa sistemática que indagava como se organizaria uma aula de LIBRAS como língua adicional para pais e educadores de crianças surdas. O trabalho mostrou cenas de sala de aula, como a que tenho registrada na memória, do professor surdo virado para a lousa, de costas para a turma, à espera de atenção para ser escutado. Aprendemos todos a ver como era preciso que esses aprendizes ouvintes antes de tudo construíssem um entendimento do que seria uma língua nessa até então insuspeitada modalidade espaciovisual. Em meio a isso, Audrei visitava escolas e se aproximava das comunidades surdas, de Campinas, SP a Washington, DC.

Nessas cidades, as reflexões no IEL-Unicamp sobre as diversas comunidades sociolinguisticamente complexas no Brasil e a convivência em meio a uma comunidade acadêmica protagonizada por surdos na Universidade Gallaudet ampliaram o universo de escutas proveitosas da autora, amadurecido em sua tese de doutorado sobre as identidades em jogo quando ouvintes aprendem LIBRAS.

Por isso, é mais que oportuno que ela venha a público nesta obra para dizer um pouco do que, como ela mesma afirma na introdução, é o óbvio que ainda precisa ser dito para que mais ouvintes tenham conhecimento do rico universo humano que se faz nas línguas de sinais, com as línguas de sinais, e particularmente com a Língua Brasileira de Sinais, essa LIBRAS que nos toca de perto, se soubermos escutar para vê-la. É grande a satisfação de ter sido escutado naquela tarde na UFSC e de ter participado do início do percurso que se revela aqui para tantos quantos venham a escutar.

PORTO ALEGRE, AGOSTO DE 2009.

Introdução

"Nenhuma opinião, verdadeira ou falsa, mas contrária à opinião dominante e geral, estabeleceu-se no mundo instantaneamente e com base numa demonstração lúcida e palpável, mas à força de repetições e, portanto, de hábito" (LEOPARDI).

"L*IBRAS* ***É*** *língua."* Foi este o título escolhido para a palestra apresentada por uma linguista em um evento cujo público alvo era o estudante do curso de letras. Uma professora que trabalha na área da surdez, mencionando o título, fez o seguinte comentário: *"De novo? Achei que essa questão já estava resolvida!"*

Foi esse episódio que me veio à mente no momento mesmo em que comecei a reler este livro, então já rematado, e que me fez recomeçar justamente a partir desse protesto. De fato, o comentário faz sentido, e a sensação é mesmo a de um discurso repetitivo. Ainda é preciso afirmar que LIBRAS é língua? Essa pergunta me faz pensar: na década de 1960, foi conferido à língua de sinais o *status* linguístico, e, ainda hoje, mais de quarenta anos passados, continuamos a afirmar e reafirmar essa legitimidade. A sensação é mesmo a de um discurso repetitivo. Entretanto, para a grande maioria, trata-se de uma questão alheia, e pode aparecer como uma novidade que causa certo impacto e surpresa:

> *Não adianta, é sempre a mesma coisa. Quando estamos em um evento que fala para quem está fora do meio da surdez, tudo é novidade mesmo! As pessoas ficam espantadas quando tomam conhecimento, e para quem está dentro da área o discurso é sempre a mesma coisa, fica esta coisa batida, e nós ficamos nos repetindo...*

Esse comentário põe em palavras minha própria surpresa. Uma surpresa "de dentro", que reclama também agora essa mesma repetição. O que vemos é que o discurso aparentemente "gasto" faz-se necessário, precisando ser repetido inúmeras vezes para que a constituição social dessa língua minoritária ocorra, ou seja, para chegarmos à legitimação e ao reconhecimento, por parte da sociedade como um todo, de que a língua de sinais **É** uma língua. Certamente a marca linguística não é a única questão nas discussões sobre a surdez, mas é a legitimidade da língua que confere ao surdo alguma "libertação" e distanciamento dos moldes e representações até então exclusivamente patológicos. Tornar visível a língua desvia a concepção da surdez como deficiência — vinculada às lacunas na cognição e no pensamento — para uma concepção da surdez como diferença linguística e cultural.

Qual é, pois, o objetivo de escrever este livro? Em primeiro lugar, é criar um espaço em que esse tipo de discussão seja pensado. De forma mais geral, o desejo do livro origina-se de reflexões sobre algumas questões relativas à área da surdez, pensando especificamente a relação do ouvinte com esse outro mundo. O momento parece oportuno e particularmente pertinente, na medida em que decisões políticas têm propiciado um olhar diferenciado para as minorias linguísticas no Brasil. Percebe-se que os discursos sobre o surdo, a língua de sinais e a surdez, de uma forma ampliada, "abrem-se" para dois mundos desconhecidos entre si: o do surdo em relação ao mundo ouvinte e o do ouvinte em relação ao mundo surdo.

O conteúdo aqui esboçado pode alcançar diferentes leitores: surdos, ouvintes, leigos, profissionais da surdez, estudantes, professores ou simplesmente curiosos. Várias são as preocupações aqui delineadas. A principal é a de ilustrar falas recorrentes e repetitivas advindas de algumas situações de interação face a face *com/entre* surdos e ouvintes para trazer à tona algumas crenças, preconceitos e questionamentos em torno da língua de sinais e da realidade surda. Essa discussão é crucial, pois *na* e *através* da linguagem estamos constantemente construindo representações, crenças e significados afirmados, consumidos, naturalizados e disseminados na sociedade, nos espaços escolares e familiares, muitas vezes como "normas" e "verdades absolutas".

O leitor encontrará neste livro manifestações discursivas organizadas em três capítulos sob forma de perguntas ou afirmações que venho registrando e acumulando — por meio de conversas formais e informais — nas minhas idas e vindas em contextos de ensino de LIBRAS para ouvintes, em eventos acadêmicos e em interações cotidianas. O leitor poderá vislumbrar no livro um ponto de partida para evocar o ***RE***pensar de algumas crenças compartilhadas, práticas, conceitos e posturas à luz de algumas transformações que marcam a área da surdez na atualidade. Ou seja, o que se espera é poder promover um direcionamento para um novo olhar, uma nova forma de narrar a(s) realidade(s) surda(s).

Ao recuperar, no título, a fala de um pai que confessa seu estranhamento em relação à língua do filho surdo, ao dizer *"LIBRAS? Que língua é essa?"*, quero flagrar o total desconhecimento dessa realidade linguística, tanto por parte daqueles que convivem de perto com a surdez, quanto por parte da sociedade ouvinte de maneira geral. Além disso, propõe-se um espaço de articulação em que questões similares possam ser pensadas e, sem evitar seu estranhamento, tornadas mais familiares. Essa foi a forma encontrada para também sensibilizar ouvintes sobre um mundo surdo desconhecido e complexo. Como disse o poeta Leopardi, "à força de repetições, e, portanto, de hábito", podem ser criadas oportunidades para reflexões e mudanças sobre algumas opiniões e também crenças daqueles que não estão ou nunca estiveram em contato com o surdo, a língua de sinais e a surdez.

CAPÍTULO 1

A língua de sinais

"A língua dos surdos é transmitida cada vez que uma mãe surda segura seu bebê em seu peito e sinaliza para ele" (HARLAN LANE).

A língua de sinais é universal?

Uma das crenças mais recorrentes quando se fala em língua de sinais é que ela é universal. Uma vez que essa universalidade está ancorada na ideia de que toda língua de sinais é um "código" simplificado apreendido e transmitido aos surdos de forma geral, é muito comum pensar que todos os surdos falam a mesma língua em qualquer parte do mundo. Ora, sabemos que nas comunidades de línguas orais, cada país, por exemplo, tem sua(s) própria(s) língua(s). Embora se possa traçar um histórico das origens e apontar possíveis parentescos e semelhanças no nível estrutural das línguas humanas (sejam elas orais ou de sinais), alguns fatores favorecem a diversificação e a mudança da língua dentro de uma comunidade linguística, como, por exemplo, a extensão e a descontinuidade territorial, além dos contatos com outras línguas.

Com a língua de sinais não é diferente: nos Estados Unidos, os surdos "falam" a língua americana de sinais; na França, a língua francesa de sinais; no Japão, a língua japonesa de sinais; no Brasil, a língua brasileira de sinais, e assim por diante. Vejamos abaixo a diferença do sinal **"mãe"** em 4 diferentes línguas de sinais:

Língua espanhola de sinais	Língua japonesa de sinais	Língua australiana de sinais	Língua americana de sinais

Retirado e adaptado de Moore & Levitan (1993: 38).

Em qualquer lugar em que haja surdos interagindo, haverá línguas de sinais. Podemos dizer que o que é *universal* é o impulso dos indivíduos para a comunicação e, no caso dos surdos, esse impulso é **sinalizado**. A língua dos surdos não pode ser considerada universal, dado que não funciona como um "decalque" ou "rótulo" que possa ser colado e utilizado por todos os surdos de todas as sociedades de maneira uniforme e sem influências de uso. Na pergunta sobre universalidade, está também implícita uma tendência a simplificar a riqueza linguística, sugerindo que talvez para os surdos fosse mais fácil se todos usassem uma língua única, uniforme. O paralelo é inevitável: e no caso de nossa língua oral, essa perspectiva se mantém? Mesmo que, do ponto de vista prático, tal uniformidade fosse desejável, seria possível a existência, nos cinco continentes, de uma língua que, além de única, permanecesse sempre a mesma?

A língua de sinais é artificial?

Crença. A língua de sinais dos surdos é natural, pois evoluiu como parte de um grupo cultural do povo surdo. Consideram-se "artificiais" as línguas construídas e estabelecidas por um grupo de indivíduos com algum propósito específico. O *esperanto*[1] (língua oral) e o *gestuno* (língua de sinais) são

[1] Atualmente, a língua auxiliar planejada mais falada é o esperanto. O russo Ludwik Lejzer Zamenhof, oftalmologista e filólogo, publicou, em 1887, a versão inicial do idioma, com o objetivo de

exemplos de línguas "artificiais"[2], cujo objetivo maior é estabelecer a comunicação internacional. Esse tipo de língua funciona como uma *língua auxiliar* ou *franca.* O gestuno, também conhecido como *língua de sinais internacional*, é, da mesma forma que o esperanto, uma língua construída, planejada. O nome é de origem italiana e significa "unidade em língua de sinais". Foi mencionada pela primeira vez no Congresso Mundial na Federação Mundial dos Surdos (World Federation of the Deaf - WFD) em 1951. Em meados da década de 1970, o comitê da Comissão de Unificação de Sinais propunha um sistema padronizado de sinais internacionais, tendo como critério a seleção de sinais mais compreensíveis, que facilitassem o aprendizado, a partir da integração das diversas línguas de sinais. A comunidade surda, de forma geral, não considera o *gestuno* uma língua "real", uma vez que foi inventada e adaptada. Atualmente, entretanto, cursos são oferecidos, e os adeptos do *movimento gestunista* divulgam os sinais internacionais em conferências mundiais dos surdos (Moody, 1987; Supalla & Webb, 1995; Jones, 2001).

A língua de sinais tem gramática?

Absolutamente. O reconhecimento linguístico tem marca nos estudos descritivos do linguista americano William Stokoe em 1960. No tocante às línguas orais, as investigações vêm acontecendo há muito mais tempo, já que em 1660 (ou seja, trezentos anos antes) desenvolveu-se uma "teoria de língua em que as estruturas e categorias gramaticais podiam ser associadas a padrões lógicos universais de pensamento" (Crystal, 2000: 204), postulada na Gramática de Port-Royal[3]. As línguas de sinais,

---

criar uma língua de aprendizagem muito fácil, que funcionasse como língua franca internacional para os povos de todos os cantos do mundo. Sabe-se, entretanto, que nenhuma nação adotou o esperanto como sua língua, mas registra-se um uso por uma comunidade de mais de 1 milhão de falantes. A língua é empregada em várias situações e os adeptos do movimento esperantista implementam e desenvolvem cursos do esperanto em alguns sistemas de educação (Santiago, 1992).

2 Os seguidores do movimento esperantista não utilizam o termo "artificial", pois acreditam que há, sim, aspectos naturais na comunicação no esperanto, e preferem termos como linguagem planejada ou auxiliar para defini-lo. Eles argumentam que as linguagens naturais também têm "certa artificialidade", quando se pensa nas medidas normativas (gramáticas normativas) que postulam regras para as línguas de uma forma geral. Trata-se de uma questão conceitual, polêmica e em constante debate (Santiago, 1992).

3 Este nome é dado a um grupo de estudiosos do século XVII que seguia as ideias de René Descartes. Port-Royal era um convento, ao sul de Versailles, na França. Insatisfeitos com o mé-

como se vê, vieram a ser contempladas cientificamente apenas nos últimos quarenta anos: antes, "sinal não era visto, mesmo pelos sinalizadores, como uma língua verdadeira, com sua própria gramática" (Sacks, 1990: 76).

Ao descrever os níveis fonológicos[4] e morfológicos da língua americana de sinais (ASL daqui por diante), Stokoe apontou três parâmetros que constituem os sinais e nomeou-os: *configuração de mão (CM)*; *ponto de articulação (PA) ou locação (L)*, delimitado no desenho por um círculo; *e movimento (M)*, cuja direção é indicada por uma seta. O exemplo a seguir ilustra esses três parâmetros no sinal *"certeza"*, realizado em LIBRAS:

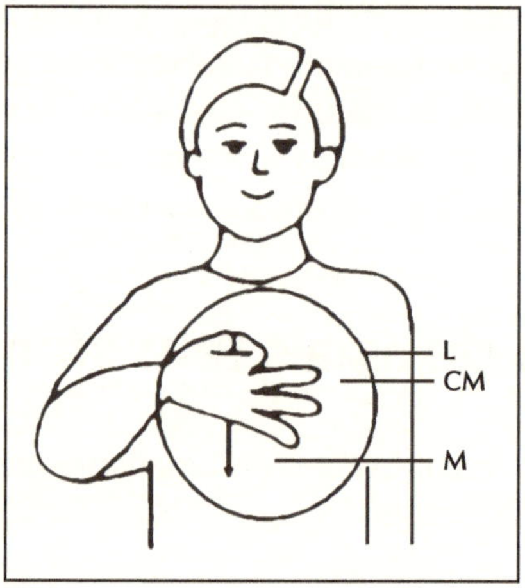

Desenho adaptado com base em Capovilla & Raphael (2004: 194).

A partir da década de 1970, os linguistas Robbin Battison (1974), Edward S. Klima & Ursulla Bellugi (1979) conduziram estudos mais aprofundados sobre a gramática da ASL, especificamente sobre os aspectos fonológicos, descrevendo um quarto parâmetro: *a orientação da palma da mão (O).* Ficou demonstrado que dois sinais com os mesmos outros três parâmetros iguais (CM, L, M) poderiam mudar de significado de acordo com a *orientação*

todo das gramáticas, e na busca de rigor científico, a Gramática de Port-Royal é considerada o auge da orientação lógica nos estudos. Noam Chomsky tem difundido as ideias dessa escola de pensamento e classifica-a como "linguística cartesiana", fazendo "paralelos entre as ideias do grupo e sua própria concepção da relação entre a língua e a mente" (Crystal, 1988: 204).

[4] A fonologia das línguas de sinais foi inicialmente referida por Stokoe como quirologia (*quir-* do grego, significa mão), e querema para o correspondente de fonema. Entretanto, esses termos não vingaram. Na literatura, fonética e fonologia continuam sendo usados para falar das unidades mínimas das línguas de sinais.

da mão. Esse contraste de dois itens lexicais com base em um único componente recebe, em linguística, o nome de "par mínimo". Nas línguas orais, por exemplo, *pata* e *rata* se diferenciam significativamente pela alteração de um único fonema: a substituição do /p/ por /r/. No nível lexical, temos em LIBRAS pares mínimos como os sinais *grátis* e *amarelo* (que se opõem quanto à CM), *churrascaria* e *provocar* (diferenciados pelo M), *ter* e *Alemanha* (quanto à L):

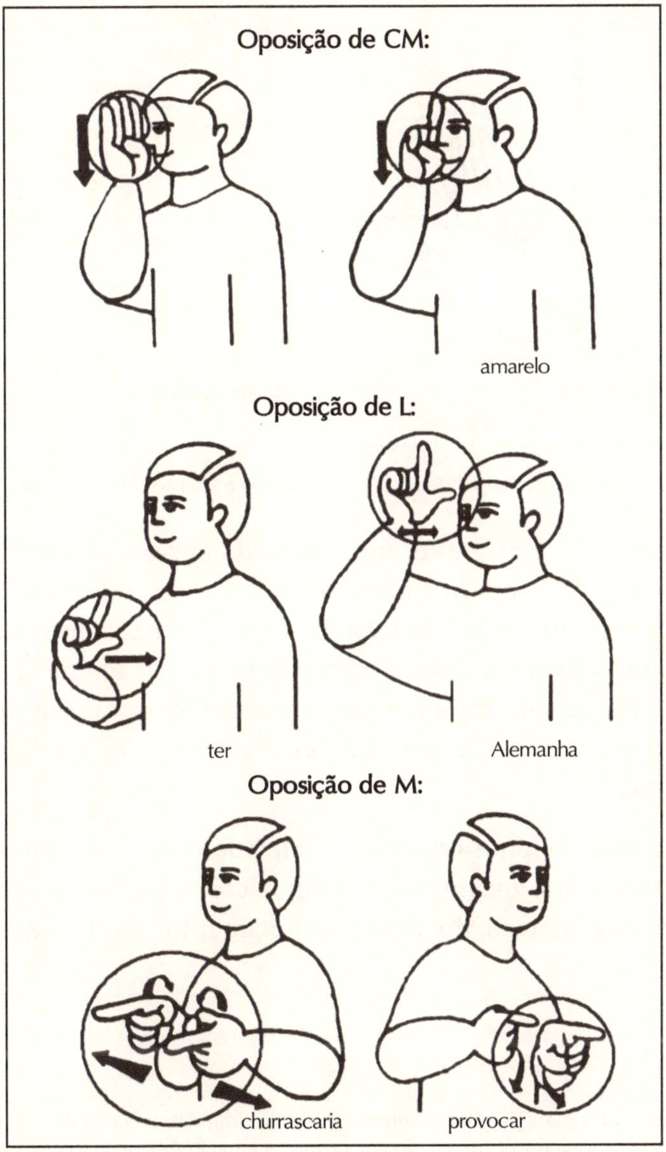

Retirado e adaptado de Capovilla & Raphael (2001: 174-1242).

Podemos testar os pares mínimos com várias outras palavras, mas vejamos a seguir uma ocorrência em LIBRAS no sinal "ajudar", em que a orientação da palma da mão faz a distinção de significado, sendo validada, portanto, como mais um parâmetro:

1. Ajudar alguém 2. Ser ajudado

Desenho adaptado da Enciclopédia de Capovilla & Raphael (2004: 169-190).

O exemplo ilustra a diferença marcada entre o sentido em (1) *"eu ajudo X"* e em (2) *"X ajuda a mim"*. Vários outros verbos fazem a flexão verbal dependendo da orientação da palma da mão: respeitar, responder, telefonar, avisar etc. Esse parâmetro não serve apenas para marcar a flexão do verbo, mas também para a marcação, por exemplo, de negativas como em "querer" e "não querer", "saber" e "não saber", "gostar" e "não gostar"...[5].

Os sinais também podem ser realizados com uma ou duas mãos. Vejamos primeiro o exemplo da composição, a partir da segmentação dos quatro parâmetros, do sinal "conhecimento" em LIBRAS (uma mão apenas):

[5] Para uma leitura mais detalhada sobre a estrutura linguística da LIBRAS, cf. Ferreira Brito (1995), Quadros & Karnopp (2004), Xavier (2006), Leite (2008); e da ASL, cf. Stokoe (1960), Friedman (1977), Klima & Bellugi (1979), Liddell (1984) e Liddell & Johnson (1986).

Configuração da mão (CM)	Orientação da palma da mão (O)	Locação (L)	Movimento (M)
 [52]	 PARA O LADO [CONTRALATERAL]		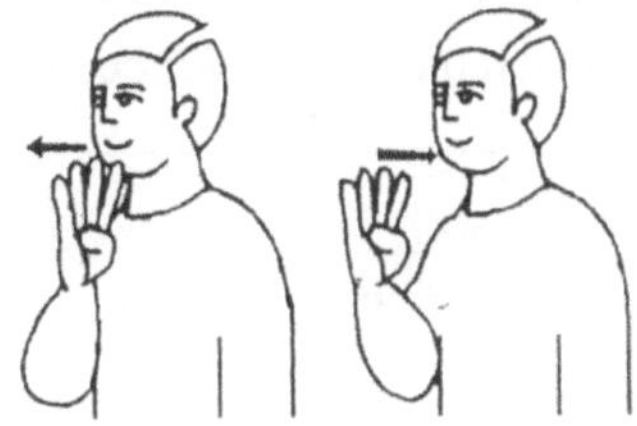

Desenho adaptado com base em Capovilla & Raphael (2004: 194).

A *configuração de mão* diz respeito à forma da mão — na palavra "conhecimento", um sinal realizado com uma mão em numeral "4" ou na forma [52]. A *orientação da palma da mão* indica que os sinais têm direção e que sua inversão, em alguns sinais, pode alterar o significado do sinal. A orientação é a direção que a palma da mão aponta na realização do sinal — e no caso de "conhecimento", para o lado direito (contralateral). A *locação* refere-se ao lugar, podendo ser realizado em alguma parte do corpo, e no exemplo podemos verificar que ocorre em frente ao queixo. Finalmente, o *movimento*, que pode ou não estar presente nos sinais. No caso de "conhecimento", a lateral do dedo indicador bate próximo ao lado direito do queixo. Vejamos, a seguir, a composição dos quatro parâmetros do sinal "verdade", realizado com as duas mãos:

Configuração da mão (CM)	Orientação da palma da mão (O)	Locação (L)	Movimento (M)
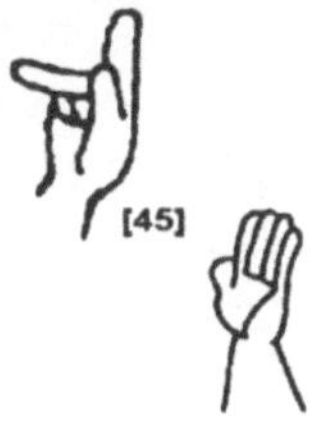 [45] [50]	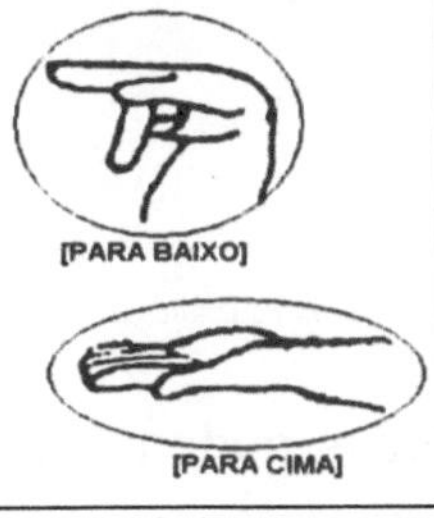 [PARA BAIXO] [PARA CIMA]		

Desenho adaptado com base em Capovilla & Raphael (2004: 136).

As mãos não são o único veículo usado nas línguas de sinais para produzir informação linguística. Os surdos fazem uso extensivo de *marcadores não manuais*. Diferentes dos traços paralinguísticos das línguas orais (entonação, velocidade, ritmo, sotaque, expressões faciais, hesitações, entre outros), nas línguas de sinais, as *expressões faciais* (movimento de cabeça, olhos, boca, sobrancelha etc.) são elementos gramaticais que compõem a estrutura da língua; por exemplo, na marcação de formas sintáticas e atuação como componente lexical[6]:

EXPRESSÕES NÃO MANUAIS

Componente lexical

Chato. [Expressão facial brava]. A intensidade (muito, pouco) pode ir alterando em conformidade com a expressão facial, por exemplo.

Função sintática

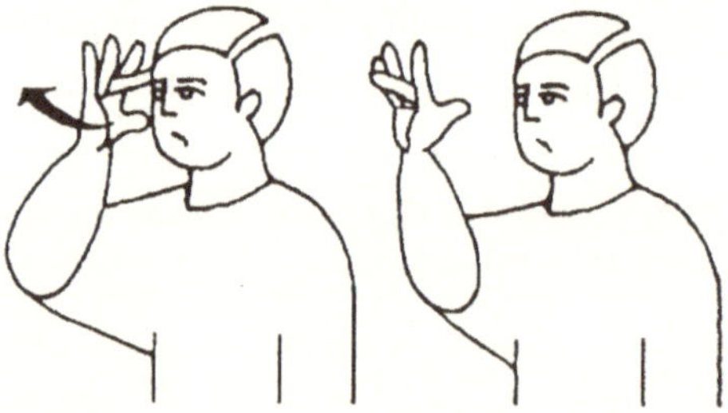

Não sei. [Expressão facial negativa].

Desenho adaptado com base em Capovilla & Raphael (2004: 183-171).

A partir da análise desses parâmetros, podemos perceber que as línguas orais e as línguas de sinais são similares em seu nível estrutural, ou

6 Essas expressões não manuais, na função sintática, podem ser as perguntas retóricas, orações relativas, topicalizações. Na constituição de componentes lexicais, funcionam como "uma referência específica ou como uma referência pronominal, uma partícula negativa, um advérbio, um modificador ou uma marca de aspecto" (Ferreira Brito, 1995: 240).

seja, são formadas a partir de unidades simples que, combinadas, formam unidades mais complexas. Como observa Noam Chomsky, *todas* as línguas funcionam como *sistemas combinatórios discretos*: "Sentenças e frases são construídas de palavras; palavras são construídas a partir de morfemas; e morfemas, por sua vez, são construídos a partir de fonemas" (Pinker, 1995: 162). Em que, então, as línguas orais e de sinais diferem?

Diferem quanto à **forma** como as combinações das unidades são construídas. Enquanto as línguas de sinais, de uma maneira geral (mas não exclusiva!), incorporam as unidades *simultaneamente*; as línguas orais tendem a organizá-las *sequencialmente/linearmente*[7]. A explicação para essa diferença primária se dá devido ao canal de comunicação em que cada língua se estrutura (visual-gestual x vocal-auditivo), pois essas características ficam mais salientes em uma língua do que em outra (Ferreira Brito, 1995; Wilcox & Wilcox, 1997).

As investigações linguísticas apontam e descrevem a existência de características linguístico-estruturais que marcam as línguas humanas naturais. A crença, ainda muito forte na sociedade ouvinte, de que a língua de sinais dos surdos não tem gramática está ancorada na crença de que falamos a seguir: a de que elas não passariam de mímicas e pantomimas.

A língua dos surdos é mímica?

Falso. Para demonstrar a diferença entre a mímica e os sinais, Klima & Bellugi (1979) conduziram um estudo a partir da observação de narrativas que necessitariam de pantomimas durante a contação da história. Nesse estudo, a narrativa estudada foi "O unicórnio no jardim" de James Thurber. Nela foram constatadas "invenções" de sinais para a palavra "camisa de força" — em inglês *straitjacket.* Embora, em alguns momentos,

---

[7] No início dos anos 1980, entretanto, há formulações de alguns linguistas quanto à incorporação muito evidente da sequencialidade na fonologia da ASL. O mesmo é verdadeiro em LIBRAS (cf. Wilcox & Wilcox, 1997; Klima & Bellugi, 1979; Ferreira-Brito, 1995; Quadros, 1997a).

os surdos usuários de ASL lançassem mão desse recurso para sinalizar o conceito, e cada sinal tivesse um jeito, foi possível constatar que, no andamento da história, e mesmo em situações de sua recontagem, o conceito supracitado na sinalização continuava icônico. Entretanto, as investigações mostraram que houve uma simplificação e uma estilização nos movimentos — os sinais pareciam mais sistematizados e convencionados. Veja abaixo a progressão da pantomima em (a) para o sinal "inventado" em (b):

(a) Pantomima de "camisa de força"

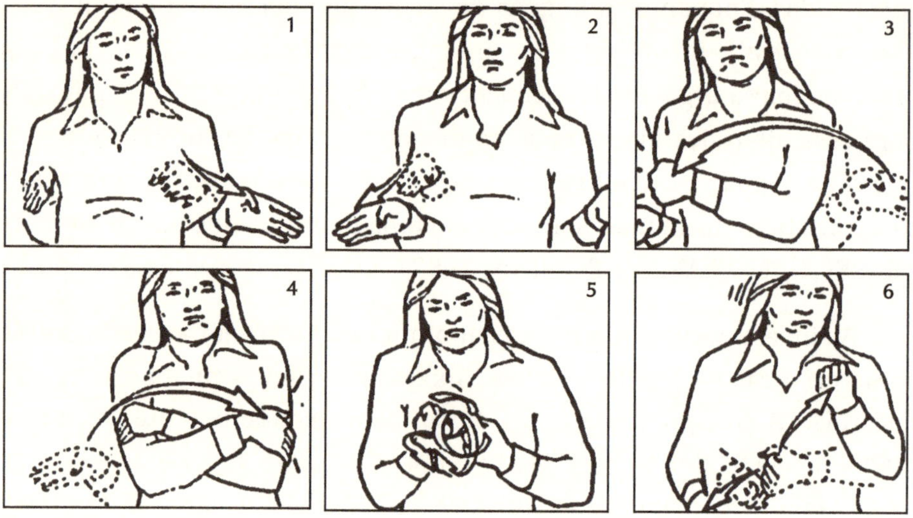

Retirado de Klima & Bellugi (1979: 16).

Na sequência, os pesquisadores procuraram estabelecer um critério específico para fazer a distinção entre *ASL* e *pantomimas*. Para tanto, investigaram dez indivíduos não sinalizadores para demonstrar em gestos algumas palavras do inglês. Veja o exemplo da palavra "ovo" (retirado de Klima & Bellugi, 1979: 17):

(b) Tipo de redução do sinal

Retirado de Klima & Bellugi (1979: 16).

(1) Pantomima de "ovo"

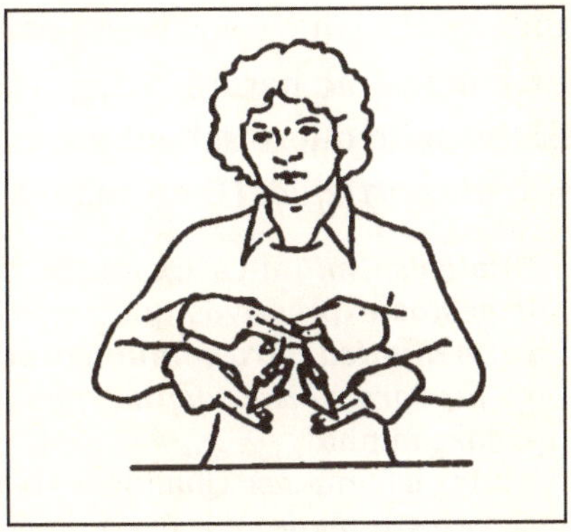

(2) Sinal de "ovo" em ASL

Constatou-se que, para o exemplo acima, as pantomimas observadas tinham muitas possibilidades, variando de um indivíduo para outro; enquanto na língua americana de sinais permanecia apenas uma variedade, ou seja, a variedade legitimada e convencionada pelo grupo de usuários estudados. Outra diferença é que as pantomimas ou mímicas — uma vez que tentavam representar o objeto tal como existe na realidade — eram muito mais detalhadas, comparadas aos sinais americanos, levando muito mais tempo para sua realização. A pantomima quer fazer com que você veja o "objeto", enquanto o sinal quer que você veja o **símbolo** convencionado para esse objeto.

Quando me perguntam, entretanto, se a língua de sinais é mímica, entendo que está implícito nessa pergunta um preconceito muito grave, que vai além da discussão sobre a legitimidade linguística ou mesmo sobre quaisquer relações que ela possa ter (ou não) com a língua de sinais. Está associada a essa pergunta a ideia que muitos ouvintes têm sobre os surdos: uma visão embasada na anormalidade, segundo a qual o máximo que o surdo consegue expressar é uma forma pantomímica indecifrável e somente compreensível entre eles. Não à toa, as nomeações pejorativas *anormal, deficiente, débil mental, mudo, surdo-mudo, mudinho* têm sido equivocadamente atribuídas a esses indivíduos[8].

A língua de sinais tem todas as características linguísticas de qualquer língua humana natural. É necessário que nós, indivíduos de uma cultura de língua oral, entendamos que o canal comunicativo diferente

[8] Cf. a discussão do capítulo 2.

(visual-gestual) que o surdo usa para se comunicar não anula a existência de uma língua tão natural, complexa e genuína como é a língua de sinais. A esse respeito quero salientar três definições encontradas no *Dicionário didático de português* (Biderman, 1998: 630-645):

> **mímica** s.f. *mí*-mi-ca. Expressão de idéias, palavras ou sentimentos através de gestos expressivos que acompanham ou substituem a fala. ***Os mudos usam mímica para comunicarem suas idéias.*** *Durante o piquenique a turma fez várias brincadeiras; uma delas foi o jogo de mímica.*// pl: mímicas. [ênfase minha]
> **mudez** s.f. mu-*dez.* Qualidade daquele que é mudo, de quem não fala. *Muitas vezes, a mudez é provocada por problemas de audição.*// Não se usa no pl./ adj: mudo/ cf: surdez.
> **mudo** adj. *mu*-do. 1. Que não fala por problemas físicos ou psicológicos...

As definições inter-relacionadas acima perpetuam as ideias de que os surdos não têm língua, e os desdobramentos dessas definições contribuem para que acreditemos que eles não podem produzir fala inteligível e de que não têm cordas vocais. Os surdos são fisicamente e psicologicamente normais: aqueles que têm o seu aparato vocal intacto (que nada tem a ver com a perda auditiva) podem ser *oralizados*[9] e falar a língua oral, se assim desejarem. Entretanto, o que deve ficar registrado é a forma pela qual constantemente se atribui à língua de sinais um *status* menor, inferior e teatral, quando definido e comparado à mímica.

É possível expressar conceitos abstratos na língua de sinais?

Claro que sim! Novamente, a pressuposição de que não se consegue expressar ideias ou conceitos abstratos está firmada na crença de que a língua de sinais é limitada, simplificada, e não passa de um código primitivo, mímica, pantomima e gesto. No *Dicionário de linguística e fonética*, por exemplo, **gestos** são considerados traços *paralinguísticos* ou *extralinguísticos* das línguas orais:

---

9 Oralização é um treinamento, com orientação de fonoaudiólogos, para que uma pessoa surda possa produzir os sons vocais da língua oral. Essa prática é realizada juntamente com a prática de leitura labial.

> Em seu sentido mais amplo, o termo se refere a qualquer coisa do mundo (que não seja a LÍNGUA) em relação à qual a língua está sendo usada — a "situação extralinguística". A expressão "traços extralinguísticos" pode significar quaisquer propriedades de tais situações, ou, em termos mais específicos, propriedades da comunicação que não são claramente analisáveis em termos LINGUÍSTICOS (gestos, tom de voz etc.). Alguns linguistas nomeiam a primeira classe de traços como METALINGUÍSTICOS; outros nomeiam a segunda classe como PARALINGUÍSTICOS (Crystal, 2000: 105-106).

Para nos desvincularmos da acepção exposta acima, devemos entender que **sinais não são gestos.** Pelo menos não se pensarmos gestos de acordo com a definição anterior. Assim, é correto afirmar que as pessoas que falam línguas de sinais expressam sentimentos, emoções e quaisquer ideias ou conceitos abstratos. Tal como os falantes de línguas orais, os falantes de línguas de sinais podem discutir filosofia, política, literatura, assuntos cotidianos etc. nessa língua, além de transitar por diversos gêneros discursivos, criar poesias, fazer apresentações acadêmicas, peças teatrais, contar e inventar histórias e piadas, por exemplo. Emmanuelle Laborrit, surda francesa, em seu belíssimo livro *O voo da gaivota,* afirma:

> Os sinais podem ser agressivos, diplomáticos, poéticos, filosóficos, matemáticos: tudo pode ser expresso por meio de sinais, sem perda nenhuma de conteúdo.

É uma língua exclusivamente icônica?

Crença. Há uma tendência em pensar assim, e essa visão relaciona-se com o fato de a língua de sinais ser uma língua de modalidade espaciovisual; ou seja, a língua, quando sinalizada, fica mais "palpável", "visível". Nesse sentido, relações entre forma e significado parecem ser mais questionadas. Essa associação incorre, muitas vezes, em cairmos no risco de reforçar a crença de que a língua de sinais seria apenas uma representação pantomímica — o que não procede, pois, como argumenta Ferreira Brito (1995: 108), "a iconicidade é utilizada [na língua de sinais] de forma convencional e sistemática".

Embora exista um grau elevado de sinais icônicos (*beber, árvore, casa, avião...*), é importante destacar que essa característica não é exclusiva das línguas de sinais. As línguas orais incorporam também essa característica. Podemos verificá-la no clássico exemplo das onomatopéias como *pingue-pongue, ziguezague, tique-taque, zum-zum* — cujas formas representam, de acordo com cada língua, o significado. Além disso, mesmo sinais mais icônicos tendem a se diferenciar de uma língua de sinais para outra, o que nos remete ao fato de a língua ser um fenômeno convencional mantido por um "acordo coletivo tácito" entre os falantes de uma determinada comunidade (Saussure, 1995).

Ainda amarrada a essa crença está o que Wilcox & Wilcox (1997: 6) destacam em seu livro: a de que as línguas de sinais seriam mais *conceituais* do que as línguas orais. Na verdade, todas as línguas são conceituais, a diferença é de que forma cada língua "empacota os conceitos em unidades linguísticas". A metáfora do "pacote" isto é, o modo como cada língua dá forma aos conceitos em unidades linguísticas, ilustra bem a questão: quem de nós já não se perguntou, por exemplo, por que uma palavra, em dada língua, quando traduzida para outra, pode ficar muito maior em seu tamanho? Ou mesmo uma sentença, ou texto?

Em alemão, o sintagma nominal *a associação dos fabricantes de copos de suco de laranja* tem a seguinte forma: *die Orangensaftglashersteller-vereinigung.* Em LIBRAS, a pergunta *que horas são?* é a sinalização apenas da palavra *nome* com expressão facial marcando a pergunta:

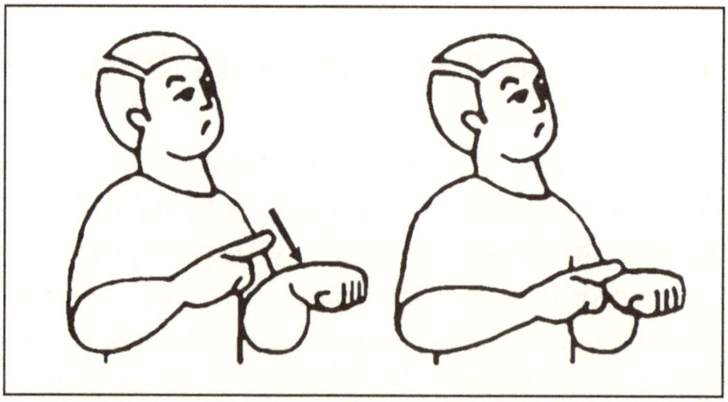

Retirado de Capovilla & Raphael (2001: 1104).

Isso ocorre porque o conteúdo e a informação nas palavras de certas línguas são "empacotadas" distintamente. Não significa dizer, entretanto, que uma ou outra língua seria simplificada por ter "pacotes menores" e não necessitar, por exemplo, de conjunções, preposições ou flexões verbais em sua estrutura[10]. O inglês, se comparado ao português, tem uma construção distinta na conjugação dos verbos, mas isso não significa dizer que uma língua seja simplificada e outra complexa. O mesmo serve para as línguas de sinais. Afinal, a complexidade é inerente a todas as línguas humanas e naturais.

A língua de sinais é um código secreto dos surdos?

Os surdos foram privados de se comunicarem em sua língua natural durante séculos. Vários estudos têm apontado a difícil relação dos surdos com a língua oral majoritária e com a sociedade ouvinte. Escolas, profissionais da saúde, e familiares de surdos têm seguido uma tradição de negação do uso dos sinais. Groce (1985), por exemplo, oferece-nos um panorama das atitudes dos ouvintes em relação à surdez, apontando que, por séculos, os surdos não tinham respeitados os seus direitos e reconhecidas suas responsabilidades, mesmo depois de receberem educação. Padden & Humphries (1988) mostram que as escolas, em sua grande maioria, proibiam o uso da língua de sinais para a comunicação entre os surdos, forçando-os a falar e a fazer leitura labial. Quando desobedeciam, eram castigados fisicamente, e tinham as mãos amarradas dentro das salas de aula. O desenho da surda Betty G. Miller denuncia a proibição da língua americana de sinais nas escolas de surdos:

Betty G. Miller, Ameslan Prohibited, 1972.

---

10 Essa discussão tem implicações para a tradução, especificamente pensando a tradução da LIBRAS para o português e vice-versa.

A maioria dos surdos foi educada em mosteiros, asilos ou escolas em regime de internato. Eles migravam para essas instituições, vistas como única possibilidade de receber instrução. Lane (1984), por exemplo, dedica um livro para contar um pouco da história dos surdos nos Estados Unidos, mostrando que na batalha entre "manualistas" e "oralistas", a língua — ainda que banida muito mais do que valorizada — e seus falantes — muito mais oprimidos e discriminados do que os indivíduos ouvintes — resistiram. Embora essas situações sejam retratadas em obras publicadas no exterior, no Brasil, a trajetória dos surdos não foi muito diferente (Reis, 1992; Rocha, 1997). Dentre algumas narrativas históricas, conta-se que a sinalização era vista como um "código secreto"[11], mesmo entre os surdos, pois era usada às escondidas, por causa de sua proibição. Na perspectiva de tantos outros, a língua era vista como algo exótico, obsceno e extremamente agressivo, já que o surdo expunha demais o corpo ao sinalizar (Wright, 1969; Lane, 1984; Sacks, 1990; Bayton, 1996).

Várias implicações sociais, políticas, educacionais, psicológicas e linguísticas decorrem dessa proibição. Porém, o que a história nos mostra é que a língua de sinais, diferentemente da maioria das línguas minoritárias, não morreu e não morrerá porque, enquanto tivermos dois surdos compartilhando o mesmo espaço físico, haverá sinais. Essa é a ironia da tentativa desenfreada de coibir seu uso: o agrupamento nos internatos que pregavam o *oralismo* a todo custo serviu para os surdos se identificarem como pares constituintes de um grupo, passando a usar, disseminar e reforçar um eventual sentimento de valorização dos sinais e da identidade cultural surda.

Outro apelo pejorativo e muito distorcido são algumas referências e comparações da língua dos surdos com a comunicação dos chimpanzés[12]. Lane (1984: 77) retoma em sua discussão que uma das questões filosóficas centrais no Iluminismo era especular sobre *"o que nos tornaria humanos"*. De Aristóteles a Descartes, a resposta era consensual: falar uma língua. Nesse cenário, "as crianças surdas e selvagens eram, todavia, um complicador

---

[11] Na Idade Média (476 d.C–1453), na Itália, os monges beneditinos empregavam uma forma secreta de sinais para se comunicarem entre si, a fim de não violar o rígido voto de silêncio (Lane, 1984; Sacks, 1990).

[12] As obras de Wright (1969), Lane (1984), Groce (1985) e Sacks (1990) relatam algumas formas pejorativas associadas às línguas dos surdos.

para essa definição de homem, já que os surdos eram pensados como sem língua e as crianças feras eram invariavelmente mudas". A história tem relatado esse e tantos outros equívocos e injustiças cometidos com os surdos...

Linguisticamente, pode-se afirmar que a língua de sinais **É** língua porque apresenta características presentes em outras línguas naturais e, essencialmente, por que é humana.

Sabe-se que todos os seres vivos podem ter um sistema de comunicação. As pesquisas mostram a forma como as abelhas se comunicam, o sofisticado sistema de comunicação dos golfinhos e de tantos outros mamíferos; contudo, só os homens possuem língua (Akmajian *et alii*, 1995). Essa é, sem dúvida, uma das características que nos distinguem das outras espécies. Então, a resposta para a pergunta dos filósofos turva o olhar, pois o foco para a resposta está voltado para a definição que se tinha de língua na época, isto é, *se a língua de sinais não é língua, então os surdos não falam, logo, não são humanos...*

A língua de sinais, como já vimos, tem uma gramática própria e se apresenta estruturada em todos os níveis, como as línguas orais: fonológico, morfológico, sintático e semântico. Além disso, podemos encontrar nela outras características: *a produtividade/criatividade, a flexibilidade, a descontinuidade e a arbitrariedade*.

A primeira diz respeito à possibilidade de combinar unidades, de forma ilimitada, para formar novos elementos. Por exemplo, os sons das línguas orais podem ser combinados de várias formas para a produção de novos conceitos. O mesmo para a *produtividade* de palavras e sentenças. Por isso falamos do processo criativo nas línguas: podemos falar diversas coisas de diversas formas a partir das regras de cada língua; regras que determinam a posição que cada elemento pode ocupar — por exemplo: podemos dizer "o menino caiu", mas não podemos dizer "menino o caiu", porque as regras do português não permitem. O mesmo se aplica aos sinais.

A *flexibilidade* se refere à mobilidade visível nos diversos usos de uma língua. A língua é versátil e, por isso mesmo, podemos falar do passado, presente, futuro; discutir, ameaçar, prometer etc. Em relação à *descontinuidade*, tomem-se como exemplo as diferenças mínimas na forma entre duas palavras; diferenças mínimas, mas que acarretariam mudança no significado, como em *maca* e *mala* (alterando apenas um fonema), ou em LIBRAS *grátis* e *amarelo* (alterando apenas um parâmetro, a CM). Entretanto, quando contextualizadas, podem ter seu sentido inferido, mesmo que haja um erro ou troca de fonemas/*queremas* por parte de quem fala ou sinaliza. Por isso, mesmo reconhecendo o valor específico em cada fonema ou parâmetro, a contextualização nos ajuda muito, e é ela que nos faz compreender a diferença de significado, por exemplo, em palavras homônimas na língua oral e na língua de sinais.

Quanto à *arbitrariedade*, dizer que as línguas têm essa característica é dizer que as línguas são convencionadas e regidas por regras específicas. Nesse sentido, não é possível saber o significado de uma palavra somente a partir de sua forma ou representação linguística. Na língua portuguesa, não há relação entre a forma e o significado da palavra "conhecimento", da mesma forma que não há essa relação na LIBRAS. A exceção seria o caso das onomatopéias (Akmajian et alii, 1995; Quadros & Karnopp, 2004).

A língua de sinais é o alfabeto manual?

De forma alguma. O alfabeto manual, utilizado para soletrar manualmente as palavras (também referido como *soletramento digital* ou *datilologia*), é apenas um recurso utilizado por falantes da língua de sinais. Não é uma língua, e sim um código de representação das letras alfabéticas:

ALFABETO GREGO

α β γ δ ε

ALFABETO ROMANO

A B C D E

ALFABETO MANUAL

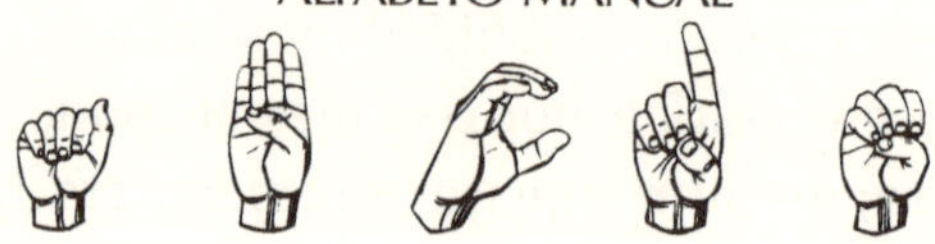

A B C D E

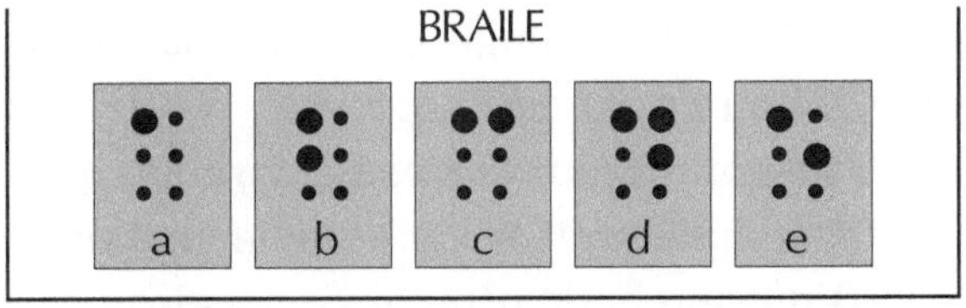

Acreditar que a língua de sinais é o alfabeto manual é fixar-se na ideia de que a língua de sinais é limitada, já que a única forma de expressão comunicativa seria uma adaptação das letras realizadas manualmente, convencionadas e representadas a partir da língua oral. Imaginemos, por exemplo, quanto tempo levaria um surdo para falar uma sentença ou, ampliando bem a questão, ter uma conversa filosófica, se utilizasse apenas o *soletramento manual*? Travar uma conversa dentro deste enquadre s-o-l-e-t-r-a-d-o s-e-r-i-a c-a-n-s-a-t-i-v-o e m-o-n-ó-t-o-n-o-(-u-f-a-!)[13].

Entretanto, é importante que se diga que o alfabeto manual tem uma função na interação entre os usuários da língua de sinais. Lança-se mão desse recurso para soletrar nomes próprios de pessoas ou lugares, siglas, e algum vocábulo não existente na língua de sinais que ainda não tenha sinal:

povo (*inglês: people, folk, crowd, multitude*):
s.m. *Conjunto de pessoas que compõem uma tribo, raça ou nação. Conjunto de habitantes de um país, de uma região, cidade, vila ou aldeia. Ex.: o povo saiu em procissão, homenageando o santo padroeiro da cidade.*
Soletrar **P, O, V, O.**

Vocábulo retirado de Capovilla & Raphael (2004: 112).

[13] Agradeço ao professor Dr. Pedro M. Garcez que, em uma disciplina de introdução aos estudos linguísticos do mestrado em letras/inglês, em 1997, pontuou essa questão. Lembro-me de que na época todos os alunos (incluindo eu) ficaram surpresos em ouvir falar da legitimidade linguística da língua de sinais, e nosso conhecimento começou a ser construído quando o professor nos fez refletir sobre essa observação.

Além disso, os usuários de língua de sinais fazem, em algumas situações, empréstimos da grafia da língua oral, recorrendo à datilologia para realizar sinais de pontuação (tais como, vírgulas, ponto final, ponto de interrogação, sinais matemáticos etc.) que, na maioria das vezes, são desenhados no ar. O mesmo pode ocorrer com as preposições ou outras classes de palavras.

Entretanto, **soletrar não é um meio com um fim em si mesmo.** Palavras comumente soletradas podem e de fato são substituídas por um sinal. Assim, podemos afirmar que esse recurso funciona potencialmente nas interações para incorporar sinais a partir do entendimento conceitual entre os interlocutores — uma vez vez apreendida a ideia, convencionam-se os sinais para substituir a datilologia de um dado vocábulo, por exemplo.

No Brasil, o alfabeto manual é composto de 27 formatos (contando o grafema *ç* que é a configuraçao de mão da letra *c* com movimento trêmulo). Cada formato da mão corresponde a uma letra do alfabeto do português brasileiro:

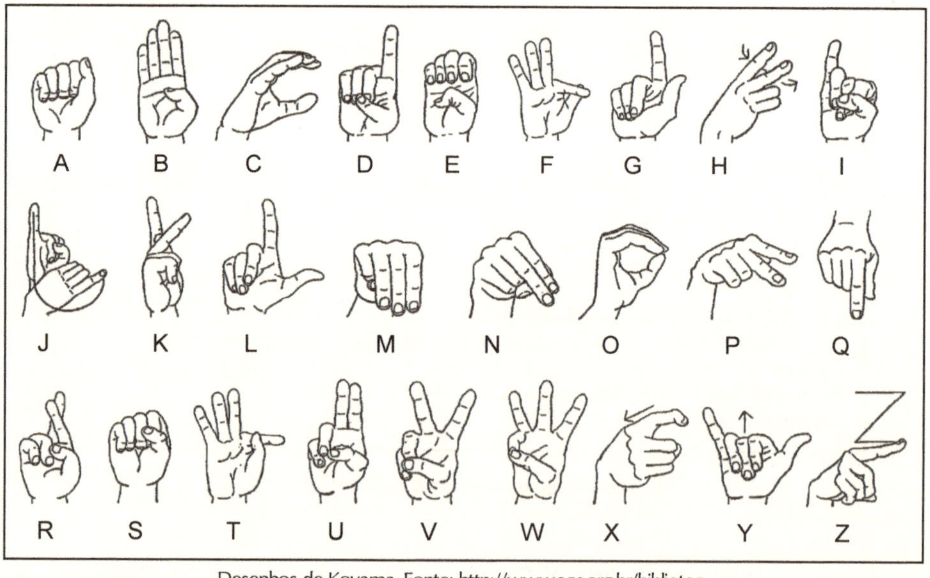

Desenhos de Koyama. Fonte: http://www.ecs.org.br/bibliotec

Pode-se dizer também que no uso do alfabeto manual alguns elementos linguísticos são "reapropriados" pelos usuários, ou seja, há palavras que são soletradas de forma a se ajustarem às restrições da língua de sinais. Esse processo é natural em todas as línguas de contato. A língua portuguesa, por exemplo, incorpora ou ajusta o termo *delet* do inglês: utiliza a terminação no infinitivo *-ar* ao dizer *deletar* (e segue na mesma direção na conjugação em delet*ei*, delet*amos* e assim por diante). Esse fenômeno está intimamente relacionado ao uso. Quadros & Karnopp (2004: 91) ilustram essa questão no alfabeto manual verificando o advérbio *nunca* (soletrado n-c-a ou n-u-n). O mesmo ocorre na realização da conjunção *se* (soletrada s-i) e no uso do verbo ser/estar, no presente do indicativo, conjugado na terceira pessoa do singular *_é_* (soletrado apenas o movimento de acento agudo no ar com a afirmação positiva da cabeça).

Por ser uma convenção, o alfabeto manual se configura de uma forma específica nas línguas de sinais de cada país. O alfabeto manual britânico, por exemplo, é feito com as duas mãos:

BRITÂNICO AMERICANO SUECO

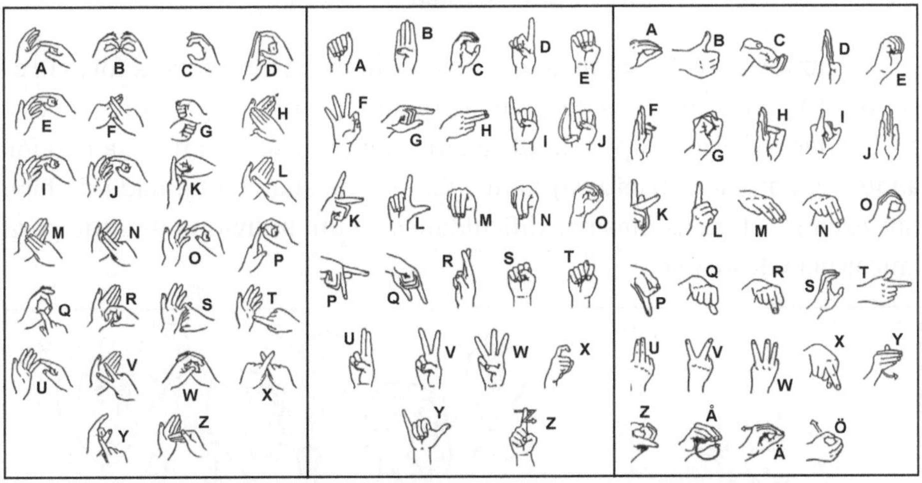

Fonte: http://f99.middlebury.edu/RU232A/STUDENTS/elefther/alphcharts.htm.

Existe também o alfabeto manual para **surdos-cegos**. Da mesma forma que o soletramento do manual britânico, os indivíduos usam as duas mãos para soletrar as palavras, com a diferença crucial de que os surdos--cegos precisam pegar na mão do interlocutor para *tatear* o sinal:

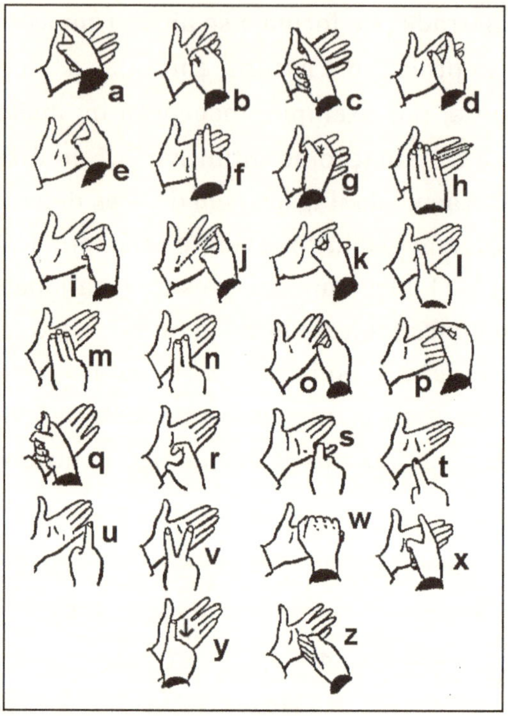

Fonte: http://www.deafblind.com/card.html

É importante ressaltar que o soletramento, tanto na sua forma receptiva (do ponto de vista de quem lê) quanto produtiva (do ponto de vista de quem realiza), supõe/implica letramento. O soletrante que não for alfabetizado (escrita/leitura) na língua oral de sua comunidade de fala, por exemplo, terá as mesmas dificuldades de um indíviduo iletrado para lançar mão deste uso:

Desenho retirado e adaptado de Capovilla & Raphael (2004: 117-163).

É nesse sentido que as crianças surdas, ainda em processo de alfabetização da escrita da língua oral, poderão ter também dificuldade com essa habilidade. Mais uma prova para desconstruir a crença de que a língua de sinais pudesse ser o alfabeto manual/datilologia, afinal, para ser compreendido e realizado o abecedário precisa ser ensinado formalmente.

A língua de sinais é uma versão sinalizada da língua oral?

Insistimos em que a língua de sinais não é a datilologia ou mímica (como muitos podem pensar), também não é universal (igual em todos os países), muito menos artificial (uma língua inventada). Ligada a essas crenças, vem a seguinte indagação: então, seria a língua de sinais uma "adaptação" das línguas orais? Ou, dito de outra forma, seria a LIBRAS um *português sinalizado*, por exemplo?

Não. A língua de sinais tem estrutura própria, e é autônoma, ou seja, independente de qualquer língua oral em sua concepção linguística. Educacionalmente, o uso do português sinalizado tem sido alvo de muitas críticas, porque se insere na filosofia do *bimodalismo.* Dentro dessa visão, encara-se a língua de sinais como um meio para se atingir um fim, ou seja, um recurso para ensinar a falar uma língua oral (no Brasil, o português), funcionando como um amálgama dos sinais e de fala. Ferreira Brito (1993), por exemplo, fala da impossibilidade de preservar as estruturas das duas línguas usando a língua de sinais para falar a língua oral. No nível lexical, por exemplo, sinais como *língua* e *nada* ilustram a questão (cf. figura abaixo). Além disso, Sacks (1990), entre outros, critica a proposta bimodal, pois, embora preconize uma tentativa de facilitar a aprendizagem da estrutura da língua oral pelo surdo, ela funciona como uma "pseudolíngua intermediária", afirma.

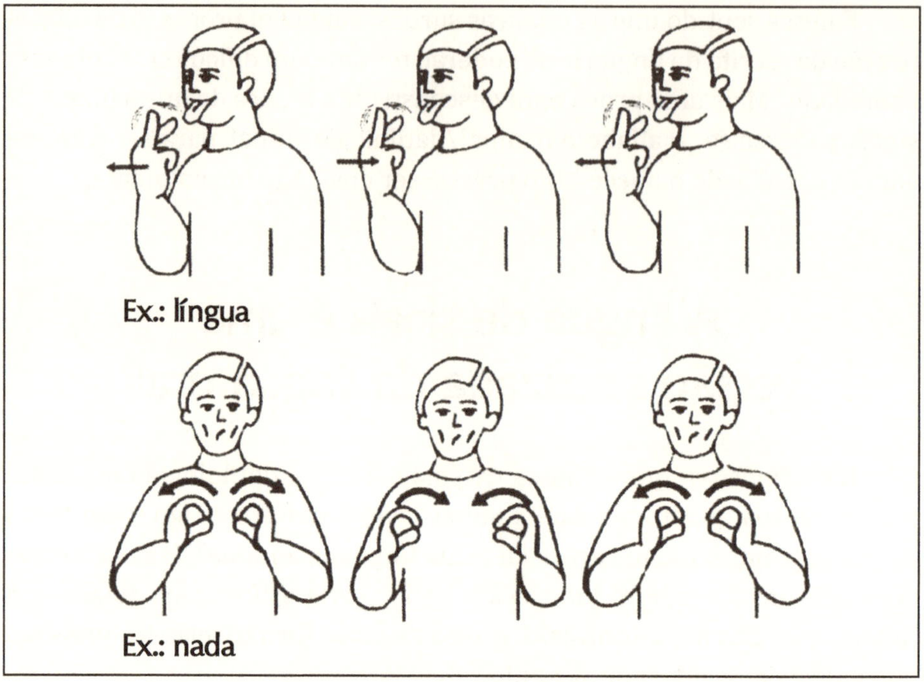

Retirado de Capovilla & Raphael (2004: 33 e 270)

Vejamos essa questão, no entanto, do ponto de vista da sociolinguística. O fato de a comunidade surda ser a única comunidade que, em qualquer país, está inserida na e cercada pela comunidade majoritária ouvinte faz com que as línguas de sinais estejam em contato direto com as línguas orais locais. Nessa "coabitação" linguística, é natural ocorrerem empréstimos, mesclas e hibridismos. A relação entre as línguas, entretanto, não é, nem nunca foi neutra ou simétrica. Como no caso de quaisquer outras línguas que estão em contato, há sempre em jogo questões de poder e as decorrentes situações de conflito[14]. Em estudos sobre comunidades indígenas, Maher (1997) observa que a relação entre línguas com *status* distintos funciona como um

[14] A sociolinguística de periferia (Hammel & Sierra, 1983) e a sociolinguística interacional (Ribeiro & Garcez, 2002) apontam, em suas investigações sobre comunidades bilíngues, que a relação entre as línguas e seus falantes é sempre conflituosa e assimétrica. Portanto, distanciam-se da visão da sociolinguística tradicional, que distingue apenas as diferenças funcionais, dentro de uma língua, entre variedades em contato: refere-se à variedade alta (*high variety*), usada em ambientes formais, e à variedade baixa (*low variety*), usada em situações informais. Essa distinção por si só não ilumina a questão para entender, por exemplo, como e por que as línguas são socialmente diferenciadas, conforme afirmou Ferguson na década de 1950.

"jogo de ocupação linguística onde a língua dominante tenta 'abocanhar' a língua dominada" (p. 22). A metáfora ilustra bem como o português acaba se sobrepondo à língua de sinais nas interações entre surdos e ouvintes, por exemplo. É facilmente demonstrável que há marcas de imposição da estrutura do português em alguns *"falares" sinalizados,* especialmente nas mãos dos ouvintes (Gesser, 2006). Mas, por que isso ocorre?

A motivação para a ocorrência das marcas estruturais do português na sinalização, e mesmo na comunicação simultânea[15] no caso do sinalizador ouvinte brasileiro, acontece por várias razões: pode ser um movimento em direção ao uso de uma única língua, no caso, a LIBRAS; ou pode ser, ainda, o uso de uma forma "híbrida" funcionar como uma *estratégia* utilizada por alguns ouvintes que estão iniciando o contato e a aprendizagem da língua de sinais — sendo a *fala oral* inerente à cultura dos ouvintes (Gesser, 1999) e, portanto, tão difícil desvencilhar-se dela. Em muitos outros momentos, todavia, o português sinalizado pode ser o reflexo de uma ideologia e, então, há que averiguar mais de perto para saber se esses usos, se esses falares são ou não uma última tentativa, um último grito da maioria ouvinte para rejeitar e banir a língua de sinais dos surdos (Gesser, 2006; 2007). Acredito ser esse último sentimento que, remetido às filosofias *oralista* e *bimodal,* paira no ar, e evoca mal-estar quando se fala em português sinalizado entre usuários da LIBRAS.

A língua de sinais tem suas origens históricas na língua oral?

Essa pressuposição está relacionada à anterior e, da mesma forma, não passa de uma ficção. Cada língua de sinais tem suas influências e raízes históricas a partir de línguas de sinais específicas. Há poucos documentos registrados por surdos, e sobre os surdos, que possam fornecer informações sobre a origem e o desenvolvimento das línguas de sinais

[15] Comunicação simultânea é — como o nome sugere — o uso simultâneo das duas modalidades (oral e sinal) na expressão linguística. Critica-se muito esse uso, uma vez que se acredita que os sinais são suprimidos em favor da língua oral.

entre surdos. Mas Wilcox & Wilcox (1997) argumentam que há dois tipos de evidência que mostram o uso natural da língua pelos surdos.

O primeiro é o relatado em uma pequena ilha comunitária nos arredores da costa de Massachusetts, Estados Unidos, chamada de Martha's Vineyard, onde uma elevada incidência hereditária da surdez foi observada entre os séculos XVII e meados do século XX. No livro *Everyone Here Spoke Sign Language*, Nora Groce (1985) dedica-se a descrever essa rara situação na ilha. A autora conta a história dos surdos nessa comunidade, mostrando que os primeiros habitantes da ilha vinham da Inglaterra e falavam algum tipo de língua de sinais. Estavam tão integrados ao dia a dia da ilha que não se consideravam nem eram considerados deficientes ou um grupo à parte. Até os dias de hoje, essa ilha é conhecida como a única comunidade bilíngue na qual tanto os ouvintes como os surdos usam sinais na mesma proporção que a língua inglesa em todos os âmbitos da interação cotidiana.

O segundo tipo de evidência vem da França, e está relatada em um livro escrito em 1779 por um surdo chamado Pierre Desloges. O livro se intitula *Observations of a Deaf-Mute*, e o autor escreveu-o para defender sua própria língua contra aqueles que achavam que os sinais deviam ser banidos (Wilcox & Wilcox, 1997).

Tanto a língua americana de sinais (*american sign language* - ASL) quanto a língua brasileira de sinais (LIBRAS)[16] têm suas origens na língua francesa de sinais. No caso americano, o protestante americano Thomas Hopkins Gallaudet decidiu viajar para a Europa[17], a fim de buscar ajuda para Alice Cogswell, uma garotinha surda de 8 anos, filha de seu vizinho. Depois de algumas tentativas com os oralistas franceses, Gallaudet desistiu de seguir esse caminho, visto que não confiava no método empregado para oralizar crianças surdas. Foi então que contatou o surdo francês Lau-

---

16 De acordo com Rocha (1997), a língua brasileira de sinais padrão é referida como LIBRAS. Essa denominação foi estabelecida em assembléia por membros da Federação Nacional de Educação e Integração do Surdo (FENEIS) em outubro de 1993, e tem sido reconhecida pela Federação Mundial dos Surdos (WDF), pelo Ministério da Educação (MEC) e por educadores e cientistas do campo. A LIBRAS foi oficializada pelo Senado Federal em abril de 2002.

17 No cenário francês do século XVIII, duas figuras oponentes marcam dois caminhos distintos: Jacob Rodrigues Pereire (considerado o principal fundador do oralismo) e o Abade l'Epée (seguidor do manualismo), que deixou pupilos como Abade Sicard (ouvinte), Jean Massieu (surdo) e Laurent Clerc (surdo). Os dois educaram crianças surdas dentro de suas respectivas filosofias, e estas se espalharam pela Europa no século XIX (Lane, 1984).

rent Clerc. Na França, ficou muitos meses aprendendo a língua francesa de sinais, e então teve a ideia de convidar Clerc para ir morar nos Estados Unidos, para que eles abrissem a primeira escola para surdos. A escola foi inaugurada em 1817 e tinha o nome de: The Connecticut Asylum for the Education and Instruction of the Deaf and Dumb[18]. Os surdos de todos os cantos do país migraram para a escola, enquanto, com o passar dos anos, outras escolas iam sendo abertas em diferentes regiões. O filho de Gallaudet, chamado Edward, fundou, em 1864, a Gallaudet University. Embora os sinais americanos tenham raízes nos sinais franceses, a ASL também sofreu influências dos sinais dos índios locais. Essa combinação formou a ASL moderna (Lane, 1984; Bayton, 1996; Wilcox & Wilcox, 1997).

Da mesma forma que na ASL, na LIBRAS também se observa algum tipo de influência dos sinais franceses. Em 1855, um surdo francês chamado Ernest Huet chegou ao Brasil, com o apoio do Imperador dom Pedro II, para criar a primeira escola para surdos brasileiros[19]. De acordo com os registros históricos disponíveis (Reis, 1992), não está claro por que dom Pedro II estava interessado na fundação da escola. Rocha (1997: 53) especula sobre pelo menos duas possibilidades: uma seria a possibilidade de a princesa Isabel ter uma criança surda; e a outra teria relação com uma visita do imperador à Universidade Gallaudet (EUA) para discutir a fundação de uma escola similar no Brasil. O fato é que em setembro de 1857 foi fundado o Instituto Nacional de Educação de Surdo (INES), no Rio de Janeiro, no mesmo endereço em que se localiza até hoje. Durante anos, o INES tem sido o centro de referência e de formação dos indivíduos surdos. Embora, naquela época, as pessoas não fizessem menção à LIBRAS, sinais eram privilegiados na educação das crianças. Huet trabalhou também na formação de outros dois professores, conhecidos como os irmãos La Peña, que ajudavam na instrução dos surdos. A escola passou por mudanças radicais com a saída de Huet (então com sérios problemas financeiros e conflitos familiares) e com a entrada na administração de um médico chamado Tobias Rabello Leite (de 1868 até sua morte em 1896)[20].

---

18 Posteriormente, o nome da escola mudou para American Asylum at Hatford for the Education and Instruction of the Deaf and Dumb.

19 Embora a primeira escola para surdos date do ano de fundação com a chegada de Huet em 1855, a primeira tentativa foi feita em 1835, quando o deputado Cornélio Ferreira apresentou à Assembléia um estatuto para estabelecer os objetivos de professores primários na educação dos surdos e dos cegos (Reis, 1992: 57).

20 O diretor Leite parecia compreender que o método oral não era essencial aos surdos, en-

Outro fato importante nesse processo foi o Congresso de Milão, em 1880, que, em função do impacto mundial de sua decisão em favor das filosofias e métodos oralistas a qualquer custo, afetou a educação dos surdos em todas as partes do mundo. No Brasil, a ideia do oralismo começou a ser disseminada em 1911, e a superintendente do INES, Ana Rímoli de Faria Doria, que acatou a filosofia, separava os surdos mais velhos dos mais novos para evitar o contato e uso de língua de sinais. Outra figura nesse cenário foi Ivete Vasconcellos, que, inspirada na abordagem da comunicação total, influenciada pela Universidade Gallaudet, defendia que fala, gestos, pantomima e sinais deveriam ser empregados na formação dos indivíduos surdos. Muitas críticas foram feitas a essa filosofia, mas o debate propiciava um *repensar* de tudo o que fora feito em termos linguísticos e educacionais. Na década de 1980, fundou-se a FENEIS (Federação Nacional de Educação e Integração de Surdos). Três amigos surdos encabeçaram a fundação da instituição — Ana Regina S. Campello[21], Fernando M. Valverde e Antônio C. Abreu —, significando um grande avanço em favor da defesa dos direitos dos surdos. Em resumo, a origem da LIBRAS está intimamente ligada ao processo de escolarização dos surdos, e mesmo que nas instâncias educacionais a língua legítima dos surdos tenha sido banida em muitos momentos, os surdos sempre a utilizaram entre si. O contato do professor surdo francês Huet com os alunos brasileiros proporcionou, em grande medida, vários empréstimos linguísticos da língua francesa de sinais para a LIBRAS.

Entretanto, é importante dizer que a coabitação da maioria das línguas de sinais com as línguas orais faz com que empréstimos, alternâncias e trocas linguísticas aconteçam, inevitavelmente. Mas isso não quer dizer que as línguas de sinais tenham suas origens ou raízes históricas nas línguas orais. A relação é justamente inversa: na história da evolução do homem, constata-se que o uso de sinais pelas mãos como forma de comunicação pelo homem é anterior ao da fala vocal — uma das evidências linguísticas para afirmar que o homem tem uma capacidade inata, instintiva para desenvolver linguagem[22].

---

tretanto, sua compreensão da situação como um todo era limitada: em relação à capacidade intelectual humana, argumentava, por exemplo, que somente 15% dos surdos congênitos tinham inteligência suficiente para se tornarem letrados, enquanto apenas 65% de surdos acidentais teriam a mesma inteligência comparados aos ouvintes (Leite, 1882 apud Reis, 1992).

21 Ana Regina é doutora pela Universidade Federal de Santa Catarina (UFSC).

22 O linguista John Lyons (1987: 38-39) relata: "A língua pode, a princípio, ter evoluído a partir de um sistema gestual numa época em que os ancestrais dos homens adotavam a postura

A LIBRAS 'falada' no Brasil apresenta uma unidade?[23]

Crença. Em todas as línguas humanas, há variedade e diversidade. O sociolinguista Marcos Bagno faz uma bela discussão em torno da desconstrução de alguns mitos sobre a língua portuguesa em seu famoso livro *Preconceito linguístico — o que é, como se faz*, escrito em 1999 e, desde então, seguidamente reeditado. Segundo o pesquisador, o mito da "unidade linguística do Brasil" é o maior e mais sério de todos, pois está presente no discurso não somente da população, mas de muitos intelectuais. A escola, por exemplo, tem se apropriado desse mito, tornando-o natural. Uma vez naturalizado, deixa de ser crença e passa a funcionar como um princípio normalizador, impondo

> sua norma linguística como se ela fosse, de fato, a língua comum a todos os 160 milhões de brasileiros, independente de sua idade, de sua origem geográfica, de sua situação socioeconômica, de seu grau de escolarização etc. (Bagno, 1999: 15).

A língua portuguesa é "uma unidade que se constitui de muitas variedades" (Parâmetros Curriculares Nacionais, 1998: 29 *apud* Bagno, 1999: 19). Portanto, dizer que todos os brasileiros falam o mesmo português é uma inverdade, na mesma proporção em que é inverdade dizer que todos os surdos usam a mesma LIBRAS. Afirmar essa unidade é negar a variedade das línguas, quando de fato nenhuma língua é uniforme, homogênea. A variação pode ocorrer nos níveis fonológico (pronúncia), morfológico (palavras) e sintático (sentenças) e estão ligadas aos fatores sociais de idade, gênero, raça, educação e situação geográfica. Assim, os surdos adultos e adolescentes variam em seus sinais, da mesma forma

---

vertical [*homo erectus*] liberando com isso as mãos, o cérebro aumentando de tamanho e adquirindo potencial para a especialização de complexas funções de processamento no hemisfério dominante". Chamo a atenção para a afirmação nessa questão da modalidade para a linguagem, pois, adiante, o autor deixa explícita a limitação da comunicação gestual dos nossos ancestrais. Não há referência na obra às línguas de sinais dos surdos.

23 Relação estabelecida com o mito "a língua portuguesa falada no Brasil apresenta uma unidade surpreendente", de Marcos Bagno. As asserções que tenho ouvido de muitos ouvintes sobre essa questão têm o mesmo teor, então achei interessante retomar a questão fazendo um paralelo com a discussão, muito apropriada, de Bagno (1999).

que os surdos cearenses, paranaenses, cariocas...[24]. Quem já não ouviu alguém dizer *"esses sinais são 'antigos', do tempo dos avós!"* ou ainda, *"naquele lugar se fala diferente"*. Essa diferença não deve ser encarada como erro, entretanto:

VARIAÇÃO PAULISTA E CARIOCA DO SINAL *"FACULDADE"*

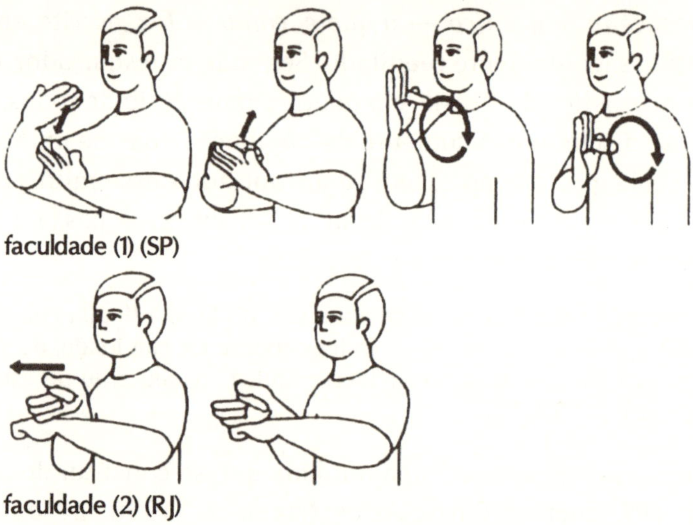

Desenho retirado e adaptado de Capovilla & Raphael (2004: 16).

Na ilustração, é possível constatar que a variação lexical ocorre em diferentes estados (como a comparação do sinal *faculdade* usado no Rio e em São Paulo) e também dentro de um mesmo estado, a depender da comunidade de fala de cada região (como nos exemplos da palavra *espanhol* em São Paulo). Esse tema é importante porque, em algumas situações, alguns sinalizadores da língua de sinais resistem a aceitar a diversidade e acabam dizendo algo como *"esse sinal é errado"* ou *"esse sinal não existe"*, quando de fato se trata de variantes da língua (Gesser, 2006: 176). A língua de sinais, ao passar, literalmente, "de mão em mão", adquire novos

---

[24] Entre essas variedades, entretanto, sempre haverá uma relação (não neutra, assimétrica e conflituosa) que torna uma variedade mais prestigiosa que outra. Esse valor é atribuído socialmente, em função de fatores como área geográfica, *status* social, idade, gênero etc. Mas é certamente a variedade ensinada na escola, associada à escrita, que tem o *status* de língua padrão (ou norma culta).

"sotaques", empresta e incorpora novos sinais, mescla-se com outras línguas em contato, adquire novas roupagens. O fenômeno da variação e da diversidade está presente em todas as línguas vivas, em movimento. É justamente nas práticas sociais de uso da linguagem entre surdo/surdo e surdo/ouvinte que é possível enxergar o multilinguismo (variedades desprestigiadas em sinais, em português, em combinação de modalidades), as marcas da heterogeneidade nos sinais dos surdos-cegos, dos índios, dos ouvintes familiares (ou não) de surdos, dos surdos catarinenses, paulistas, pernambucanos..., ou seja, as *várias línguas em* LIBRAS[25].

VARIAÇÃO PAULISTA DO SINAL *"ESPANHOL"*

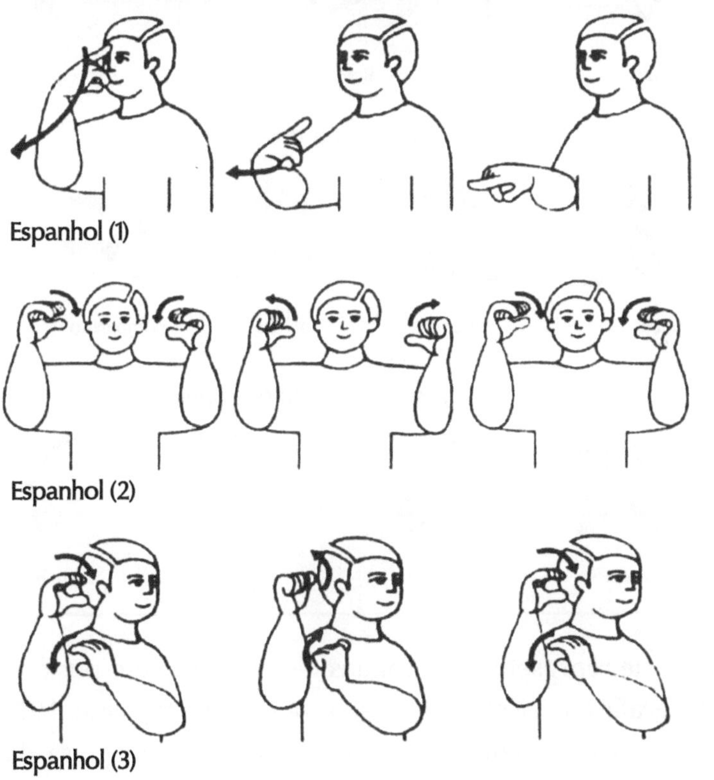

Desenho retirado e adaptado de Capovilla & Raphael (2004: 29-30).

[25] Ao falar de várias línguas em LIBRAS estou fazendo um paralelo com a discussão em César & Cavalcanti (2007) sobre o multilinguismo em português no Brasil. Cf. discussão em Gesser (2006: 56-65).

A língua de sinais é uma língua ágrafa?

Não, mas, até bem pouco tempo, a língua de sinais era considerada uma língua sem escrita. A escrita de qualquer língua é um sistema de representação, uma convenção da realidade extremamente sofisticada, que se constitui num conjunto de símbolos de segunda ordem, sejam as línguas verbais ou de sinais:

A ideia de representar as línguas de sinais remete-nos à história de uma coreógrafa americana, chamada Valerie Sutton. Em 1974, Valerie chamou a atenção da comunidade científica dinamarquesa das línguas de sinais com a criação de um sistema para registrar as danças de seus alunos. A transição dos "sinais da dança" para "a escrita dos sinais" inicia-se a partir do contato dos pesquisadores da Universidade de Copenhagen com a colaboração de Valerie com base em seus registros gravados. Decorre dessa ação o primeiro encontro de pesquisadores, nos Estados

Unidos, organizado por Judy Shepard-Kegl, e dele um grupo de surdos adultos aprende a escrever os sinais de acordo com o "SignWriting"[26].

Alguns livros e histórias foram registrados. Inicialmente escritos à mão, hoje já há programas desenvolvidos para o registro da escrita via computador. A popularidade do sistema de escrita foi pouco a pouco se instaurando nos Estados Unidos. Projetos de pesquisa e vários tipos de suporte são oferecidos a algumas escolas que têm interesse em promover a alfabetização em SignWriting. O sistema pode ser aplicado na representação de qualquer língua de sinais.

O Brasil inicia sua tradição, em 1996, com um grupo de pesquisa coordenado por Antônio Carlos da Rocha Costa, na PUC de Porto Alegre. No projeto, destaca-se a participação da surda Marianne Stumpf, que desenvolveu trabalhos de alfabetização com crianças surdas, sinalizadoras da LIBRAS. Observou-se que os surdos expostos ao sistema SignWriting tinham muita facilidade para escrever. Um dos grandes desafios dos pesquisadores no processo de sistematização é tornar a grafia o mais concisa e clara possível. Há alguns sinais em LIBRAS que são muito complexos para registrar no sistema (é o caso de *chocolate*, por exemplo), mas, da mesma forma que a escrita da nossa língua oral, a escrita em sinais tende a se modificar com o tempo, no sentido de ser "mais rápida, mais simplificada, mais esquemática" (Stumpf, 2003: 65)[27].

Ex.: grafia de chocolate em língua de sinais

O sistema no Brasil é ainda incipiente e está em fase de experimentação, pois a própria grafia da LIBRAS passa por um processo de padroni-

[26] Para conhecer mais sobre a escrita da língua de sinais americana, cf. o site: htttp://www.signwriting.org.

[27] Para mais detalhes, acessar o site http://rocha.ucpel.tche.br/signwriting.

zação. Nota-se uma diferença de surdo para surdo no uso dos "grafemas" — uns são mais detalhistas, outros menos. Ainda há muita especulação sobre o assunto, por isso são necessários mais estudos para compreender os símbolos e criar uma tradição na sociedade para o letramento na escrita de sinais. Sua importância, entretanto, é, sem sombra de dúvida, um bem cultural com positivas implicações para o fortalecimento e a emancipação linguística do grupo minoritário surdo.

CAPÍTULO 2

O surdo

"É muito natural. Alguns ouvem com mais prazer com os olhos do que com os ouvidos. Eu ouço com os olhos" (GERTRUDE STEIN, *surda alemã, 1969).*

Surdo, surdo-mudo ou deficiente auditivo?

A maioria dos ouvintes desconhece a carga semântica que os termos *mudo, surdo-mudo,* e *deficiente auditivo* evocam. É facilmente observável que, para muitos ouvintes alheios à discussão sobre a surdez, o uso da palavra *surdo* pareça imprimir mais preconceito, enquanto o termo *deficiente auditivo* parece-lhes ser mais politicamente correto:

> *Eu achava que "deficiente auditivo" era menos ofensivo ou pejorativo do que "surdo"... mas, na convivência com os próprios surdos, fui aprendendo que eles preferem mesmo é que os chamem de surdos e uns ficam até irritados quando são chamados de deficientes...* (aluno ouvinte, 2004).

Sobre essa questão terminológica, muitos surdos têm a oportunidade de se posicionarem nos cursos de LIBRAS que ministram para ouvintes:

> *Essa história de dizer que surdo não fala, que é mudo, está errada. Eu sou contra o termo surdo-mudo e deficiente auditivo porque tem preconceito... Vocês sabem quem inventou o termo deficiente auditivo? Os médicos! Eu não estou aqui só para vocês aprenderem a LIBRAS, eu estou aqui também para explicar como é a vida do surdo, da cultura, da nossa identidade...* (professora surda, 2002).
> *O termo surdo-mudo não é correto porque o surdo tem aparelho fonador, e se for treinado ele pode falar. Eu sou surdo, fui oralizado e não ouço nada, mas a minha língua é a de sinais...* (professor surdo, 2003).

As falas acima caminham no trilho que rejeita a ideologia dominante vinculada aos estereótipos que constituem o poder e o saber clínico (Lane, 1992), e mostram outro lado da discussão: o reconhecimento da dimensão política, linguística, social e cultural da surdez, e que a nomeação *surdo*, apropriadamente, conota:

> A deficiência é uma marca que historicamente não tem pertencido aos surdos. Essa marca sugere autorrepresentações, políticas e objetivos não familiares ao grupo. Quando os surdos discutem sua surdez, usam termos profundamente relacionados com sua língua, seu passado, e sua comunidade (Padden & Humphries, 1988: 44).

Pensar tais termos é de suma importância, uma vez que eles têm implicações cruciais para a vida dos surdos (Gesser, 2006, 2008). É disso que fala Laborrit (1994), quando diz:

> *Recuso-me a ser considerada excepcional, deficiente. Não sou. Sou surda. Para mim, a língua de sinais corresponde à minha voz, meus olhos são meus ouvidos. Sinceramente nada me falta, é a sociedade que me torna excepcional.*

Infelizmente, o povo surdo tem sido encarado em uma perspectiva exclusivamente fisiológica (*déficit* de audição), dentro de um discurso de normalização e de medicalização, cujas nomeações, como todas as outras, imprimem valores e convenções na forma como o outro é significado e representado. Cabe ressaltar, por outro lado, que não é apenas a escolha acertada de um termo que elimina os preconceitos sociais. Os preconceitos podem estar disfarçados até mesmo nos discursos que dizem assumir a diferença e a diversidade[1]. Mas o deslocamento conceitual é preciso e urgente, e vem ocorrendo em primeira instância na reflexão e problematização dos conceitos de que fazemos uso ao nomear o outro. Afinal, como argumenta Skliar (1997: 33) "a construção das identidades não depende da maior ou menor limitação biológica, e sim de complexas relações linguísticas, históricas, sociais e culturais"; ou, como bem expressa Laborrit sobre a sua condição, *"é a sociedade que me torna excepcional"*.

---

[1] Peter McLaren (2000), em sua obra *Multiculturalismo crítico*, argumenta que os termos diversidade ou discurso da diferença podem estar sendo melindrosamente utilizados nos tempos atuais para encobrir uma ideologia de assimilação que está na base do discurso do "multiculturalismo conservador e corporativo".

O intérprete é a 'voz' do surdo?

O intérprete tem tido uma importância valiosa nas interações entre surdos e ouvintes. Na maioria dos casos, os intérpretes têm contato com a língua de sinais a partir dos laços familiares e da convivência social com vizinhos e amigos surdos (ocorrendo geralmente em espaços escolares e religiosos). No Brasil ainda não há tradição na profissão ou formação específica para esses profissionais[2], da mesma forma que há para intérpretes de línguas orais de prestígio como, por exemplo, intérpretes de língua inglesa e francesa.

No caso da LIBRAS, a interpretação ocorre geralmente de maneira informal, em momentos em que o surdo está interagindo com outros indivíduos que não dominam/conhecem a língua de sinais. Nesse cenário, observa-se que a maioria dos intérpretes brasileiros tem desenvolvido sua proficiência e a habilidade de interpretar a partir, digamos, de uma situação de "emergência" comunicativa na interação surdo/ouvinte. Afirmar que o surdo precisa de intérprete em espaços institucionais em que as pessoas não falam a sua língua já é um direito reconhecido pela Lei nº 10.436, aprovada em 24 de abril de 2002. Então, escolas, universidades, repartições públicas, tribunais, hospitais etc. devem atender essa população específica assegurando-lhe o seu direito linguístico de poder ser assistido em sua própria língua. Por outro lado, retomando a afirmação compartilhada pelo senso comum de que *o intérprete é a 'voz' do surdo*, pode-se encobrir uma crença de que o surdo não tem língua, e isto, sabemos, não é verdade.

O surdo vive no silêncio absoluto?

Muitos ouvintes têm a crença de que estar em um contexto de surdos é entrar em um contexto silencioso. Isso se dá porque a concepção de lín-

---

2 A Universidade Federal de Santa Catarina (UFSC), em parceria com outras 14 instituições brasileiras, passou a promover, em 2008, o primeiro curso de bacharelado para a formação de intérpretes e tradutores de LIBRAS/português na modalidade de educação a distância. As instituições parceiras são: UFBA, UFC, UNB, CEFET/GO, INES/RJ, UFRGS, UFPR, UFMG, UFES, UNICAMP, UEPA, UFPE, UFGD, CEFET/RN.

gua está, do ponto de vista dos ouvintes, culturalmente conjugada ao som, afinal, como me disse uma das ouvintes em conversa pessoal, *"os surdos falam com as mãos e as mãos não fazem barulho, não emitem som"...*

Por definição, barulho é a ausência de silêncio; é um ruído ou som acústico perceptível aos ouvidos. Para a cultura surda, todavia, o barulho e o silêncio adquirem novas versões. Em uma conversa com um colega surdo, pude compreender um pouco essa noção a partir da perspectiva surda. Relatou-me que quando está em uma comunidade com/entre surdos, e se todos estão usando sinais ao mesmo tempo, tem a sensação de "barulho" muito grande, afinal, diz ele, *"ouço com os olhos"*, e o mesmo também procede quando está em uma multidão de ouvintes que falam a língua oral. O "barulho", neste último caso, é perceptível à visão do surdo através da dinâmica dos objetos e das pessoas, manifestada, por exemplo, em forma de movimento, conversas paralelas, risos, expressões facial, corporal e manual. Poderíamos, então, nos referir a uma espécie de *ruído visual* (Gesser, 2006), pois o surdo pode não saber o que está sendo falado, mas percebe visualmente a movimentação das pessoas através da visão. Isto porque os *sons* extrapolam sua característica físico-acústica e adquirem significados culturalmente relacionados. O *som de uma tossida*, por exemplo, pode ser, segundo Padden & Humphries (1988: 92) "um espontâneo produto de limpeza da traquéia, ou pode ser uma forma de indicar reprovação, ou para dar um sinal". Esse significado é culturalmente construído, e cada cultura organiza seus significados diferentemente. Assim, "o som não tem um significado inerente, mas pode ter uma miríade de interpretações e seleções". Essas convenções culturais são aprendidas e construídas dentro das nossas práticas cotidianas.

Aprender a língua de sinais, fazer parte das comunidades surdas, estar em contato com o mundo dos surdos, por exemplo, são iniciativas que podem nos fornecer subsídios para compreender melhor as questões delineadas. Na cultura surda, o barulho/som tem outros significados — é o caso da luz que acende quando a campainha toca em sua casa, a vibração do despertador colocado embaixo do travesseiro (Lane, 1984), ou mesmo os ruídos acústicos percebidos através dos aparelhos auditivos para sentir o som da campainha da porta, do telefone, da ambulância:

> As pessoas surdas constroem seu mundo em torno dos dispositivos do movimento, forma e som... A vida dos surdos está longe de ser silenciosa, mas muito cheia de cliques, zunidos, estalos e grunhidos (Padden & Humphries, 1988: 109).

Para muitos ouvintes, é sempre um estranhamento muito grande quando um surdo diz, por exemplo, que gosta de "ouvir" música. Isso ocorreu comigo, quando tive a oportunidade de conviver com surdos americanos na Universidade Gallaudet, nos Estados Unidos:

Hoje passei por uma situação constrangedora. Estávamos todos reunidos em uma sala de estar. Havia muitas conversas animadas entre os surdos, todos se divertiam e contavam um pouco da sua vida, de suas histórias. Quando chegou a minha vez, uma surda americana pediu-me para falar um pouquinho do Brasil, das pessoas, da cultura. Ainda com certa dificuldade para me expressar na língua americana de sinais, falei sobre alguns lugares bonitos, sobre o clima tropical e sobre a comida caseira de que eu sentia falta. Tinha mais facilidade para entender os sinais americanos, então vi, paralelamente, alguém falando do carnaval, das danças, das mulatas, das praias. Esses comentários são corriqueiros e inevitáveis quando um brasileiro "pinta" na área. Ainda assim, esperei que algum tipo de pergunta fosse dirigido diretamente a mim, e não demorou muito, um deles indagou: como se dança samba? No impulso, imediatamente respondi que não poderia mostrar porque não tinha a música. Então ele disse para eu fechar os olhos e imaginar a música. Imaginar a música? Como assim? Claro, eu deveria recorrer à minha memória acústica... Senti uma limitação muito grande e vi o quanto dependo do som da música para dançar. Conversa vai, conversa vem, um surdo me tirou para dançar. Fiquei constrangida. Havia música no ambiente, mas por saber que era surdo e não ouvia, preconceituosamente achei que ele não seria capaz de seguir o ritmo da música. Alguns colegas surdos brasileiros já tinham me falado sobre a relação que os surdos estabelecem com a música. Ouvi vários relatos dos surdos dizendo que eles gostam de dançar e tal. Mas foi convivendo em um contexto de imersão com os surdos nesse ambiente universitário, e experimentando com eles essa situação, que construí meu entendimento sobre como eles concebem a música e o ritmo: através da vibração, através da observação da movimentação dos outros indivíduos, através do contato corporal com alguém que lhes guie o ritmo, e assim por diante. Tal como nós, ouvintes, os surdos distinguem ritmos e gêneros musicais... (Diário retrospectivo, 2004).

O que temos nesse relato é justamente uma faceta de como cada cultura lida com o som musical. Nas artes plásticas, também temos uma expressão a esse respeito. O óleo sobre tela da artista surda Mary J. Thornley, intitulada *Two Deaf Musicians*, procura desconstruir a crença de que os surdos não entendem ou apreciam música:

As pessoas surdas apreciam música também; não é uma 'coisa' de ouvinte, é apropriado – e tardio – representar dois músicos surdos cubicamente friccionando com o arco em seus instrumentos.

Mary J. Thornley, *Two Deaf Musicians*, 1997
óleo sobre a tela.

Como se pode ver, não há desvantagem na surdez quando se fala em comunicação e em linguagem, visto que não é a *modalidade* da língua que define se estamos em silêncio ou não. Os surdos dançam, apreciam e ouvem música a seu modo, têm sensações de barulho, constroem seus mundos e suas subjetividades *na* e *através* da língua de sinais, enfim, concebem e redefinem seu mundo através da *visão*. É uma crença equivocada pensar que a língua de sinais dos surdos é uma língua silente, ou que os surdos vivem no silêncio total.

O surdo precisa ser oralizado para se integrar na sociedade ouvinte?

Não. A oralização deixou marcas profundas na vida da maioria dos surdos. Pode-se dizer que a busca desenfreada pela recuperação da audição e promoção do desenvolvimento da fala vocalizada pelo surdo são objetos que se traduzem em vários sentimentos: desejo, dor, privação, aprovação, opressão, discriminação e frustração. Essa história dos surdos é narrada em muitos capítulos, e todos os surdos têm um fato triste para relatar. Ela traz resquícios muito vivos dos traumas que alguns surdos viveram em tempos em que a língua de sinais foi violentamente banida e proibida.

Oralizar é sinônimo de negação da língua dos surdos. É sinônimo de correção, de imposição de treinos exaustivos, repetitivos e mecânicos da fala. A figura do adepto convicto do oralismo, Alexandre Graham Bell, por exemplo, ganhou força durante o movimento eugênico e, especialmente, no famoso Congresso de Milão em 1880, durante o qual ele pregava que a surdez era uma aberração para a humanidade, pois perpetuava características genéticas negativas. Nesse cenário, internatos de surdos, casamentos entre eles e qualquer tipo de contato eram proibidos, e tal proibição foi entendida como uma medida preventiva, capaz de "salvar" a raça humana. Dado seu prestígio de homem brilhante na sociedade da época, entende-se que Graham Bell contribuiu de maneira crucial para a negação e a opressão da língua de sinais. Por isso é rechaçado com mais veemência pela comunidade surda em todo o mundo, do mesmo modo como são rechaçados todos os que se inscrevem nessa filosofia.

Há um grande mal-estar impregnado na palavra *oralização*. E não podia ser diferente. Mas tomemos essa questão da perspectiva relatada por uma colega surda. Vou chamá-la de Paula. O irmão mais velho de Paula também é surdo. Paula me disse que, ao contrário da sua experiência com a surdez e com a língua de sinais, a experiência de seu irmão tinha sido muito diferente. Ele foi oralizado, e ela não. A ele foi negado, em muitas ocasiões e contextos, o acesso à língua de sinais, vista como uma língua perversa e inadequada. Mas sempre que ele estava com um grupo de amigos surdos, os sinais eram naturalmente utilizados. Paula me contou que, quando ela nasceu, os tempos eram outros: seus pais já respeitavam mais a língua de sinais e também algumas escolas permitiam seu uso. Nessa história, Paula não foi oralizada como seu irmão, os dois são muito fluentes em LIBRAS; contudo, enquanto Paula demonstra curiosidade em fazer treino labial e fono-articulatório, seu irmão — com o intuito de preservá-la e protegê-la — tenta convencê-la a todo custo a desistir disso, porque "a língua dos surdos **É** a língua de sinais e os surdos têm preconceito contra aqueles que querem ou gostam da oralização".

Desenham-se aí dois exemplos opostos, duas trajetórias distintas no seio da mesma família. Mas, o que é revelador nessas duas posturas surdas? O irmão reage política e ideologicamente à oralização com base em sua experiência de vida, marcada pela discriminação do uso dos sinais e pela valorização da leitura labial e da oralização. Ele sofreu muito nesse período e, como não tinha escolhas, a oralização lhe foi imposta. Já Paula, bem-sucedida nos sinais, aponta em seu discurso uma vontade de dominar, como o irmão, a leitura labial e a fala na língua portuguesa. A irmã nasce em um ambiente nada opressivo, tem no irmão um exemplo e um interlocutor com o qual se identifica por meio da língua. Esse ambiente linguisticamente mais confortável desperta em Paula a curiosidade e o desejo de participar de treinos fonoaudiológicos...

É recorrente ouvir, nos discursos mais extremistas, entretanto, que o surdo oralizado não é "surdo de verdade": *"Surdo que é surdo defende e só usa a língua de sinais".* Parece que, além de uma questão muito forte (e naturalmente compreensível, dado que este é um momento de transição), há também imbricações tanto de um discurso de contrarreação (também disseminador de preconceitos, ou seja, um tipo de preconceito às avessas) como o de uma visão essencialista em prol de um purismo linguístico e cultural surdo. A rejeição da oralização a todo custo por surdos mais politizados e militantes é mais uma discussão político-ideológica e definitivamente pertinente e importante para a visibilização da LIBRAS. Contudo, assumo, com a pedagoga surda Perlin[3] (2004:72), que não se trata de ser surdo que oraliza ou não, mas de "ser surdo em sua língua e linguagem própria"; nesse caso, ele pode optar por utilizar ou não a língua portuguesa para promover o intercâmbio cultural... Se respeitamos a língua de sinais e o direito do surdo a ser educado em sinais, devemos também respeitar o direito daqueles surdos que optam por também falar (oralizar) a língua portuguesa. O perigo está quando certas decisões são impostas, e as imposições e opressões, sabemos, vêm de todos os quadrantes...

O surdo tem uma identidade e uma cultura próprias?

Sim. Esse discurso, aliás, é muito disseminado pelos surdos e ouvintes em muitos ambientes sociais que discutem e articulam questões próprias à área da surdez. Contudo, acrescentaria à asserção um plural, e diria que somos permeados, sejamos surdos ou ouvintes, por múltiplas identidades e culturas (Gesser, 2006: 136-144). No singular, a afirmação sublinha a ideia do purismo identitário e cultural. E é essa ideia que a pesquisadora surda Karin Strobel acertadamente procura desconstruir quando fala de várias culturas surdas:

---

[3] Gladys Perlin é a primeira surda a obter o título de doutora no Brasil. Trabalha como professora adjunta da Universidade Federal de Santa Catarina no Centro de Educação, sendo integrante do Grupo de Estudos Surdos (GES).

> *Ao analisarmos sua história, vemos que a cultura surda foi marcada por muitos estereótipos, seja através da imposição da cultura dominante, seja das representações sociais que narram o povo surdo como seres deficientes. Muitos autores escrevem lindos livros sobre oralismo, bilinguismo, comunicação total, ou sobre os sujeitos surdos... Mas eles realmente conhecem-nos? Sabem o que é a cultura surda? Sentiram na própria pele como é ser surdo? Esta é uma reflexão importante a ser feita atualmente, porque as metodologias citadas não foram criadas pelo povo surdo e sim por ouvintes. Não digo que seja errado, o que quero dizer é que essas metodologias não seguem a cultura surda... O que o povo surdo almeja realmente é a pedagogia surda. Para a comunidade ouvinte que está em maior sintonia com o povo surdo — os parentes, amigos, intérpretes, professores de surdos —, reconhecer a existência da cultura surda não é fácil, porque no seu pensamento habitual acolhem o conceito unitário da cultura e, ao aceitarem a cultura surda, eles* ***têm de mudar as suas visões usuais para reconhecerem a existência de várias culturas, de compreenderem os diferentes espaços culturais obtidos pelos povos diferentes.*** *Mas não se trata somente de reconhecerem a diferença cultural do povo surdo, e sim, além disso, de perceberem a cultura surda através do reconhecimento de suas diferentes identidades, suas histórias, suas subjetividades, suas línguas, valorização de suas formas de viver e de se relacionar* (Entrevista concedida em 2 de março de 2008 ao blog *Vendo Vozes*) [ênfase minha].

Mas a afirmação *"o surdo tem uma identidade e uma cultura própria"* tem outra face que, a meu ver, é extremamente significativa no processo de afirmação coletiva de grupos minoritários, que não apenas se exprime no singular *"uma"*, mas também está inscrita no adjetivo *"própria"*. *"Cultura própria"* sugere a ideia de um grupo que precisa se distinguir da maioria ouvinte para marcar sua visibilidade, e a única forma de obter coesão é criada a partir de uma "pseudo"uniformidade coletiva. Em grande medida, funciona como "sobrevivência cultural"[4] entre os excluídos e desprovidos, portanto, de poder e voz[5]. É muito comum e natural ouvir discursos de oposição às culturas ouvintes pregando a homogeneidade cultural surda. Esse é, sem dúvida, um posicionamento essencialista que, por sua vez, tem em vista a afirmação, a valorização e o reconhecimento cultural, já que "é a coesão, a uniformidade que dá ao grupo visibilidade,

---

[4] Para o sociólogo francês Michael de Certeau (1994, 1996), as minorias, os oprimidos e excluídos não são repositórios e/ou "consumidores" passivos nessa relação, pois se utilizam de táticas, isto é, fazem reempregos de imposições de forma a sobreviverem culturalmente.

[5] Cf. também Homi Bhabha (1992).

ou seja, serve para que o grupo se autoconstitua como tal graças a essa aceitação dessa visão por parte de quem os exclui" (Gesser, 2006: 138).

Interessante também pontuar essa questão nas artes plásticas, representada no quadro pintado pela surda americana Ann Silver, intitulado *Deaf Identity Crayons: Then and Now*, de 1999:

Ann Silver. Deaf Identity Crayons: Then & Now (Crayon Box Series), 1999.

Neste quadro, a artista imprime seu protesto e instiga-nos a refletir sobre a necessidade de deslocar a identidade cultural surda do viés patológico:

> *Séculos atrás, éramos uma caixa de lápis, não seres humanos. Porque os pontos de vista médico e audiológico têm nos impedido de ser vistos em um contexto linguístico-cultural, rótulos arcaicos têm sido colados a nossa língua e literatura — alguns dos quais ainda existem neste dia e era* (Ann Silver, 1999).

Os surdos, sabemos, têm características culturais que marcam seu jeito de ver, sentir e se relacionar com o mundo, e a cultura do povo surdo "é visual, ela traduz-se de forma visual" (Quadros, 2002: 10). Todavia não se pode criar o mito de que o surdo não compartilharia de outras culturas como, por exemplo, das culturas ouvintes. E isso — é importante que se diga — não os torna menos surdos. Afinal, como aponta de Certeau (1995: 233), a cultura é, gostemos ou não, "o flexível"; ela é produtiva, dinâmica, aberta plural e está em constante transformação, pois é construída situacionalmente em tempos e lugares particulares. Utilizando metáforas, o historiador-sociólogo afirma que a cultura pode ser inventada ou criada da mesma forma que uma "planificação urbanística: capaz de criar uma composição de lugares, de espaços ocupados e espaços vazios, que permitem ou impedem a circulação", mas, ao se aproximarem os "habitantes", todos os planos do urbanista são "perturbados" — "as maneiras de utilizar o espaço" ou as maneiras como se faz uso cultural fogem a essa planificação. Da mesma forma, a questão da identidade:

> Ela não é um fenômeno unitário que contenha em si qualquer essência definitória, mas é uma construção feita em múltiplas direções, direções estas muitas vezes contraditórias (Maher, 1996: 29).

Qualquer tipo de aversão dos surdos às culturas ouvintes, especialmente nessa fase de transição e de emancipação político-ideológica, é natural e compreensível, e os relatos históricos se encarregam de mostrar *como* e *por que* essa relação é cheia de conflitos e tensões. Mesmo que o discurso atual seja um discurso de "contrarreação" ao grupo dominante (sociedade ouvinte), todos nós somos perpassados e contaminados pelas culturas com as quais estamos em contato. Pensar o surdo no singular, com *uma* identidade e *uma* cultura surda, é apagar a diversidade e o multiculturalismo que distingue o surdo negro da surda mulher, do surdo cego, do surdo índio, do surdo cadeirante, do surdo homossexual, do surdo oralizado, do surdo de lares ouvintes, do surdo de lares surdos, do surdo gaúcho, do surdo paulista, do surdo de zonas rurais... (Skliar, 1998; Gesser, 2006, 2008).

O surdo não fala porque não ouve?

Crença. Duas leituras podem ser inferidas dessa colocação. Primeira, o que entendemos por *fala*. Historicamente, a língua de sinais tem sido relegada a um estatuto de mímica. Vimos que a língua de sinais recebeu, tardiamente, o reconhecimento linguístico na década de 1960. Nesse período, curiosamente, podem-se constatar resistências de alguns linguistas a reconhecer a legitimidade dos sinais, pois tradicionalmente a visão de língua tem sido fortemente pautada por uma perspectiva essencialmente oral-auditiva. A sociedade, de modo ampliado, concebe *fala* com o sentido de produção vocal-sonora. A verdade é que o surdo *fala* em sua língua de sinais. É necessário, entretanto, expandir o conceito que temos de línguas humanas, e também redefinir conceitos ultrapassados para enxergar outra dimensão na qual conceber a língua — o canal viso-gestual[6].

A segunda leitura imbricada na afirmativa acima diz respeito à relação que se estabelece com fala (agora no sentido vocal) e audição. Os surdos que têm perda auditiva profunda podem (se assim desejarem!)

6 Noam Chomsky, por exemplo, tem falado sobre a plasticidade do cérebro para a faculdade de linguagem nos seres humanos, quando menciona as línguas de sinais dos surdos. O estudioso observa que os termos utilizados em linguística têm ficado restritos a essa faculdade dentro de uma modalidade única, aquela relacionada aos órgãos vocais (Chomsky, 1995: 434).

produzir fala inteligível: basta estarem com seu aparato vocal intacto. A prova disso é o grande número de surdos que falam a língua majoritária oral, por exemplo. Para tanto, é necessário treinamento junto aos profissionais da fonoaudiologia. O grande problema herdado da filosofia oralista é o efeito colateral que se instaurou na comunidade surda, ou seja, o sentimento de indignação, frustração, opressão e discriminação entre usuários dos sinais, uma vez que, durante as sessões de fala e treinos repetitivos pregados pelo oralismo do passado, a língua de sinais foi banida e rejeitada em prol do uso exclusivo da língua oral.

O surdo tem dificuldade de escrever porque não sabe falar a língua oral?

Essa é uma crença nociva e levanta várias questões sobre as quais é preciso refletir. A primeira passa fundamentalmente pelo ensino. A escrita é uma habilidade cognitiva que demanda esforço de todos (surdos, ouvintes, ricos, pobres, homens, mulheres...) e geralmente é desenvolvida quando se recebe instrução formal. Entretanto, o fato de a escrita ter uma relação fônica com a língua oral pode e de fato estabelece outro desafio para o surdo: reconhecer uma realidade fônica que não lhe é familiar acusticamente. São como símbolos "abstratos" para o surdo (Ahlgren, 1994). É nesse sentido que outra relação é estabelecida.

Na língua portuguesa, há também um fator emocional em jogo, que diz respeito a uma memória muito negativa retratada a partir da experiência de vários surdos alfabetizados. Uma aluna surda contou que sempre que ela tem que escrever fica muito nervosa, tem vergonha de errar, resiste, não tem prazer ao fazê-lo e sempre fica preocupada com as reações de quem vai ler o que ela escreve. Curiosamente, disse-me que a relação com a língua inglesa é diferente. Reconhece que sabe muito menos inglês do que português, mas que se sente mais à vontade para usar a língua inglesa. Esse relato é representativo, em certa medida, dos traumas vividos pelos surdos na aprendizagem do português. Sabe-se que os alunos ouvintes também têm algumas memórias negativas das aulas de português e dos momentos de escrita, entretanto, a imposição do português a todo custo na escolarização dos surdos tem vários significados, sendo o mais grave deles a negação da língua de sinais na alfabetização. Com isso, era mesmo de se esperar que a experiência com a escrita da língua portuguesa tivesse relações diretas com o sentimento de impotência, baixa autoestima, e aversão ao idioma.

Outra questão séria, que se desdobra da crença de que *"o surdo tem dificuldade de escrever porque não sabe falar a língua oral"*, tem a ver com ideais linguísticos — ideais que rejeitam os vários *falares* das variedades desprestigiadas, dos imigrantes, dos indígenas e dos próprios surdos. Tanto o português escrito como o oral de que o surdo faz uso são estigmatizados, já que não atingem os ideais de língua impostos por uma maioria de ouvintes (Gesser, 2006). Ainda que o surdo não vocalizasse uma palavra da língua oral, ele poderia escrever bem o português como fazem muitos falantes de outras línguas estrangeiras, por exemplo. Como disse anteriormente, a relação que o surdo estabelece com a escrita da língua oral é distinta, mas fazer da escrita e da fala uma coisa só é, antes de tudo, uma justificativa para pasteurizar o idioma e discriminar a forma que cada um dá à língua que usa. E é na sala de aula, durante a escolarização, que é preciso rever essa relação entre língua falada e escrita. Inevitável não fazer novamente um paralelo com a discussão de Bagno (1999: 49) quando ele desconstrói o mito *"o certo é falar assim porque se escreve assim"*. Bagno afirma a necessidade de os professores ensinarem a ortografia oficial aos seus alunos, mas a gramática normativa não pode ser uma "aplicação autoritária, intolerante e repressiva", pois ela é um dos mecanismos responsáveis pela manutenção do preconceito contra as diversidades linguísticas, disseminando ainda mais a exclusão social em nosso país.

Seguindo o viés dessa mesma crença, há quem pregue que o surdo não aprende os conteúdos escolares porque tem mais dificuldades que os ouvintes. Também irmã gêmea da crença de que pobre tem mais dificuldade de aprender do que rico, de que os bonitos são mais inteligentes que os feios e tantos outros absurdos. Tenho que cair no lugar-comum para reforçar que não se trata de dificuldade intelectual e sim de *oportunidade*. Oportunidade de acesso a uma escola que reconheça as diferenças linguísticas; que promova acesso à língua padrão; que, no caso dos surdos, tenha professores proficientes na língua de sinais; que permita a alfabetização na língua primeira e natural dos surdos...

O uso da língua de sinais atrapalha a aprendizagem da língua oral?

Errado. Esse era (ainda é?) um pensamento muito disseminado pelos oralistas convictos. Ora, a falta de interesse dos surdos na aprendizagem da língua majoritária oral tem estado intimamente relacionada aos castigos e punições que a história da educação dos surdos se encarrega de narrar. As atividades árduas, desgastantes e intensas das sessões de "treino" para aprender o idioma contrastam com o prazeroso e natural uso da língua de sinais pelo grupo. O uso dos sinais sempre germina no encontro *surdo-surdo* e essa realidade faz com que os profissionais temam pelo "progresso" de seu trabalho, ou seja, acreditava-se (acredita-se?) que o treinamento de leitura labial e da vocalização pudesse ficar completamente comprometido (Lane, 1984; Padden & Humphries, 1988; Sacks, 1990). Colada a essa crença, está também a ideia de que uma criança exposta a mais de uma língua em sua infância poderia comprometer a aquisição/aprendizagem de uma das línguas, em função das interferências, trocas e mesclas linguísticas. Essas características, ao contrário do que se pensa, são completamente naturais no repertório dos indivíduos bilíngues, e muitos estudos que focam o fenômeno do bilinguismo descrevem essa questão (cf. Grosjean, 1982; Romaine, 1995).

As ações negativas quanto ao uso da língua de sinais estiveram e estão, em grande medida, atreladas aos seguidores da filosofia oralista. Muitos pesquisadores têm abolido a visão exposta, ao afirmarem justamente o inverso: *é o não uso da língua de sinais que atrapalha o desenvolvimento e a aprendizagem de outras línguas pelo surdo.* Considerando-se que a relação do indivíduo surdo profundo com a língua oral é de outra ordem (dado que não ouvem!), a incorporação da língua de sinais é imprescindível para assegurar condições mais propícias nas relações intra e interpessoais que, por sua vez, constituem o funcionamento das esferas cognitivas, afetivas e sociais dos seres humanos. Então, a aprendizagem da língua majoritária deve ser pautada no ensino formal em sua modalidade *escrita*. O ensino da escrita para os surdos, entretanto, tem que ser, indiscutivelmente, promovido na língua primeira de sinais. Atualmente há um consenso entre especialistas sobre o fracasso escolar em relação à aquisição de conhecimento e ao desenvolvimento da linguagem (escrita) quando a língua de sinais não é utilizada como língua de instrução[7]:

> Alunos que aprendem os conceitos acadêmicos e as habilidades de letramento em sua língua nativa podem mais pronta e rapidamente transferir aquelas habilidades para uma segunda língua, porque o conhecimento está embasado na língua e esquema que eles compreendem (Cummings, 1979, 1981 *apud* La Bue, 1995: 207).

O respeito à diferença linguística do surdo lhe é garantido *só* e *se* a educação é feita em sua língua natural. Todos os cidadãos devem ter o direito de ser educados em sua própria língua (Hornenberger, 1998). Mas a questão é: a escola tem atuado de forma a garantir o acesso e o uso da língua dos surdos, por exemplo, em seu ambiente escolar?

O surdo precisa da língua portuguesa para sobreviver na sociedade majoritária ouvinte?

Essa posição foi defendida por uma professora de língua portuguesa, embora muitos profissionais de outras áreas também compactuem com essa visão. Não há nada demais nisso, se pensarmos que nosso idioma oficial é o português e que, em tese, a população brasileira faz uso dele e de suas variantes para poder ir e vir nas situações cotidianas (família, escola, trabalho...). O que há de errado com a asserção, então? Em primeiro lugar, parece ficar velado um discurso em prol do monolinguismo, onde a diferença e a heterogeneidade linguística são malvistas. Além disso, no tocante à educação dos surdos, a maioria dos profissionais tende a acreditar que a língua oral seja *o meio* linguístico, relegando os sinais a um

[7] As obras de Fernandes (1989), Quadros (1997a/b), Souza (1998) e Botelho (1998) discorrem profundamente sobre essa questão.

plano secundário. Na verdade, o surdo não "sobrevive" se lhe for tirado o direito de usar sua língua primeira em seus ambientes de convívio social. Tirar deles esse direito é tolher-lhes o próprio direito de cidadania. Assim, o mais coerente seria dizer que *"é sem a língua de sinais que o surdo não sobrevive na sociedade majoritária ouvinte"*, pois é com e através dela que lhe é garantida a construção de conhecimento de mundo e, sobretudo, a constituição e o fortalecimento da identidade cultural surda (Perlin, 1988, 2000; Skliar, 1997).

A língua portuguesa tem, sim, um papel fundamental na escolarização e na vida cotidiana do surdo, da mesma forma que tem na vida de todas as crianças brasileiras. Entretanto, a fala exposta acima de que *"o uso da língua de sinais atrapalha a aprendizagem do surdo da língua majoritária oral"* enaltece o *desde sempre* no contexto da surdez, isto é, a ênfase no ensino da língua oral, geralmente ficando os sinais relegados ao plano inferior ou, ainda, à não aceitação e à valorização da realidade bi/multilíngue dos surdos. Afinal, bilíngue não é somente aquele que domina duas línguas orais de prestígio, como o inglês e o português, por exemplo. Os surdos vivem uma situação sociolinguisticamente complexa e sua condição de indivíduos bilíngues lhes era negada por serem tratados como "deficientes", expressando-se "em uma língua que não é reconhecida como língua (a língua de sinais) e em um português (escrito e oral) que não atinge as expectativas impostas e desejadas por uma maioria ouvinte" (Gesser, 2006: 51). Para dar conta das questões educacionais na formação do surdo, inclusive a aprendizagem da língua portuguesa em sua modalidade escrita, há a necessidade de inverter a lógica praticada até então nos ambientes escolares e afirmar: *"Os professores ouvintes de crianças surdas é que precisam saber a LIBRAS para poderem educá-las".*

Todos os surdos fazem leitura labial?

Falso. Como foi dito anteriormente, a leitura labial e o desenvolvimento da fala vocalizada são habilidades que precisam de treinos árduos e intensos para ser desenvolvidas. Todos os estudos referentes à leitura labial estão vinculados aos treinamentos fono-articulatórios e é nesse sentido que poderíamos afirmar que não se trata de uma habilidade natural de linguagem, como é a habilidade para o desenvolvimento da língua de sinais, por exemplo. Essa é, entretanto, uma crença muito recorrente entre ouvintes, e vários surdos com quem conversei relatam que uma das perguntas mais frequentes quando estão entre ouvintes que não sabem sinais, em um primeiro contato, é se sabem ler os lábios:

> *Alguns ouvintes ficam desesperados quando vêm falar comigo e veem que sou surda. Então não sabem o que fazer ou o que dizer... Acho até engraçado olhar o jeito de apavorado de alguns. Mas fico muito enfurecida quando me perguntam a toda hora se eu sei fazer leitura labial... porque fico triste de saber que muitos nem sabem que o surdo usa língua de sinais para se comunicar. Dependendo do meu humor, digo que sei ler os lábios, mas tem situações que começo a sinalizar em LIBRAS sem parar, e quando alguém fala a língua oral comigo faço de conta que não entendo nada* (entrevista gerada em 2005)[8].

Ainda que a filosofia oralista tenha predominado na educação dos surdos por muitos anos, há uma variação entre surdos mais habilidosos para leitura labial e outros nem tanto. Curioso, entretanto, é o jeito desengonçado dos ouvintes quando dependem dessa forma comunicativa para travar uma conversa com o surdo: articulam exageradamente as palavras, falam muito alto, quase gritando (não esqueçam, os interlocutores são surdos!), outras vezes soletram demasiadamente as letras e sílabas... Essas situações remetem-nos, por exemplo, às imagens de um turista em um país cujo idioma não domina (que grita e fala pausadamente o seu próprio idioma acreditando que o estrangeiro possa decifrá-lo). Por outro lado, essa imagem, não se pode negar, é também ilustrativa de como o ser humano busca formas para estabelecer a interação com o outro. Uma observação importante: leitura labial é só um recurso utilizado em situações comunicativas emergenciais com os surdos. Se você interage frequentemente com os surdos a língua de sinais é indispensável!

---

8 Relato feito em língua de sinais e traduzido para o português.

CAPÍTULO 3

A surdez

"O que importa a surdez da orelha, quando a mente ouve? A verdadeira surdez, a incurável surdez, é a da mente"
(Ferdinand Berthier, *surdo francês, 1845*)

A surdez é um problema para o surdo?

Há duas grandes formas de conceber a surdez: patologicamente ou culturalmente. Este livro adota uma postura contrária à *medicalização*, concepção segundo a qual o surdo é visto como portador de uma deficiência física, que precisa de recursos ou intervenções cirúrgicas para se tornar "normal" e fazer parte do grupo majoritário na sociedade em que vive. Ver a surdez como um problema está diretamente relacionado à visão patológica. Esse é o discurso fortemente construído e aceito pela maioria. É importante frisar, todavia, que os surdos e ouvintes que usam e valorizam a língua de sinais assumem uma postura positiva diante da surdez. Em algumas comunidades acadêmicas norte-americanas, por exemplo, já é possível observar uma autonomia identitária, cultural e linguística, e, consequentemente, um senso coletivo crítico de que a surdez como problema é uma construção do mundo ouvinte (Wilcox & Wilcox, 1997). No Brasil, também já é possível ver mudanças nos discursos de alguns familiares, educadores e mesmo profissionais da saúde. A Universidade Federal de Santa Catarina, ao promover o curso pioneiro Letras/LIBRAS, coordenado por Ronice Muller de Quadros, começa a instaurar um polo acadêmico de ensino superior feito *por* e *para* surdos, cujas ações e afirmações positivas trazem à tona outros discursos.

Cientificamente, as práticas discursivas sobre a surdez, antes praticamente exclusivas da área da medicina e da fonoaudiologia, têm sido deslocadas para as áreas da educação, da linguística, da antropologia e da sociologia. Uma entrevistada surda, por exemplo, discorre em uma de suas falas:

> *A surdez é um problema quando a sociedade passa a me ver como um problema. Quando tenho a oportunidade de interagir com pares que me identifico através da língua de sinais, quando tenho a oportunidade de estudar em uma escola que utilize sinais, quando tenho meus direitos assegurados, me sinto apta e capaz.*

O "problema" expresso na crença acima está relacionado à dificuldade humana em aceitar e conviver com as diferenças. A surdez é muito mais um problema para o ouvinte do que para o surdo. A tentativa de domesticar o surdo, enquadrando-o nos moldes "ouvintistas"[1] (Humphries, 1975; Skliar, 1998), mostra, no mínimo, a fragilidade para lidar com o desconhecido, com o diferente. Paradoxalmente, nessa tentativa de enquadre, ficam também visíveis faces de um sentimento de autoafirmação ou, ainda, uma forma estratégica de encobrir um discurso em prol da norma ideal e universal:

> A alteridade do outro permanece como que reabsorvida em nossa identidade e a reforça ainda mais; torna-a, se possível, mais arrogante, mais segura e mais satisfeita de si mesma. A partir desse ponto de vista, o louco confirma e reforça nossa razão; a criança, nossa maturidade; o selvagem, nossa civilização; o marginal, nossa integração; o estrangeiro, nosso país; e o deficiente; a nossa normalidade (Larrossa & Pérez, 1998 *apud* Skliar, 2003: 96).

Tais relações são comparáveis também com as questões étnicas, cuja proximidade põe as identidades culturais em "xeque" e instaura o desejo desenfreado de assegurar um "ideal puro e universal" de raça e comportamentos humanos. Se há um tipo de universalismo, o universalismo possível deve ser pensado como o proferido por Boaventura de Souza Santos, ou seja, "aquele que tenha como ponto em comum a dignidade humana".

A surdez é uma deficiência?

Olhada pelo viés cultural, definitivamente não. A surdez não é uma deficiência. Mas vamos refletir sobre essa questão começando com a definição encontrada no dicionário:

---

1 "Ouvintismo é um conjunto de representações dos ouvintes, a partir do qual o surdo está obrigado a olhar-se e narrar-se como se fosse ouvinte" (Skliar, 1998: 15).

surdez s.f. sur-dez. Estado de quem é surdo, isto é, não ouve nada. *A surdez é uma deficiência física que impede a pessoa de ouvir* (Biderman, 1998: 880).
deficiência s.f. de-fi-ci-ên-cia. Falha, insuficiência; carência. *A menina tinha certamente alguma deficiência mental* (Biderman, 1998: 267).
deficiente adj. de-fi-ci-en-te. Que é falho, incompleto, imperfeito (Biderman, 1998: 267).

As definições acima podem, em primeira instância, ser plausíveis e certamente se encaixam na concepção do senso comum. Do jeito que se apresentam, todavia, turvam o entendimento da surdez a partir de outras perspectivas. Nessas definições trazidas por Biderman, *surdez* e *deficiência* são sinônimos, e nos remetem ao discurso clínico das patologias, muito presente no imaginário das pessoas, em grande medida, dado o valor que se atribui à medicina (e áreas afins). A "falha", "insuficiência" e "imperfeição" que significam a palavra *deficiência* são as que rotulam a surdez do surdo, ou seja, o próprio indivíduo, que é qualificado pelo predicativo *deficiente auditivo*. Vejamos os depoimentos de dois colegas surdos falando do momento da descoberta de sua surdez:

RELATO 1.
Descobriram minha surdez quando eu tinha quase 5 anos. Minha família é toda ouvinte, e minha mãe falou que eu era quietinho e que por isso não desconfiou. Aí ela me levou no médico porque eu não falava nada e lá o médico disse que eu tinha uma perda auditiva grave. Mas eu não me lembro disso. Só sei que hoje não escuto nada. Fui crescendo e fui para muitas escolas diferentes aqui na região de São Paulo... Começamos a usar sinais em casa e com alguns parentes mais próximos. Eu achava que era doente, que tinha uma doença muito séria... Depois que cresci e conheci outros surdos, aprendi mais sobre a vida dos meus amigos e as coisas começaram a ficar bem mais claras para mim, pois me comunicava com mais facilidade com os sinais... Vi que eu não era o único surdo no mundo e me sinto mais feliz[2] (São Paulo, 2002).

RELATO 2.
Meus pais descobriram que eu era surdo quando eu era bebezinho. Meu pai e minha mãe são surdos profundos e me contam que queriam que eu fosse surdo também. Então quando eu nasci me levaram no médico e fizeram os testes. Tenho surdez profunda. Eu sempre usei sinais com eles e com os parentes ouvintes mais próximos também que conhecem a língua americana de sinais. Sempre achei que todo mundo fosse igual a mim, sempre achei que todas as pessoas fossem surdas. Mas meus pais falavam de ouvinte e surdo, e só fui entender mais tarde. No começo, achava que os ouvintes tinham proble-

---

2 Esse relato foi feito em LIBRAS e traduzido para o português.

mas porque eram diferentes da maioria da minha família e colegas da escola, porque eu nasci e cresci rodeado de surdos aqui nessa escola de surdos... o mundo virou de ponta cabeça quando vi que a maioria é ouvinte, pois nunca me vi como diferente... é estranho quando chamam o surdo de deficiente ou anormal, eu não me considero assim...[3] (Estados Unidos, 2005).

Neste último depoimento, podemos observar como a surdez é algo natural, uma vez construída dentro do grupo como algo positivo. A própria descoberta relatada pelo surdo que *"virou seu mundo de ponta cabeça"*, pois até então os *"diferentes"* eram os ouvintes, deixa claro que ser surdo entre surdos é tão normal quanto é para maioria ouvinte ser ouvinte. Vemos que há um aprendizado sobre "o outro", e a imagem surda está preservada.

Falando dessas descobertas, Padden & Humphries (1988: 15) narram a história de um garotinho surdo chamado Sam. Também filho de pais surdos, Sam começa, como toda criança, a ter curiosidade por uma garotinha que mora nas imediações de sua casa. Eles ficam amigos e passam a brincar juntos, mas Sam acha-a "estranha", pois "não podia conversar com ela da mesma forma que conversava com seus irmãos mais velhos e seus pais". A interação entre os dois era naturalmente mantida, mesmo com a dificuldade dela de entendê-lo, mesmo quando se tratava dos mais simples sinais. Sam entendeu a "estranheza" da amiga quando um dia viu a mãe dela movendo a boca quando olhava para a menina e observou que a garota foi em direção à mãe com uma boneca na mão fazendo os mesmos movimentos nos lábios. Ao retornar para casa, Sam perguntou a sua mãe "que tipo de aflição" a amiguinha tinha. Sua mãe então lhe explicou que ela era ouvinte e que não sabia sinais; em vez de usar sinais, os ouvintes falavam com a boca, e o garoto perguntou: *"Essa família e a menina são os únicos 'desse tipo'?"*

Outra trajetória, no entanto, é percorrida pelos surdos de lares ouvintes. Vemos no primeiro relato que o jovem surdo só tem a oportunidade de se construir de outra forma no encontro com seus pares surdos. É nesse momento que imprime outro rumo à história, com valores e subjetividades identificados e aceitos no grupo. Mas, muito provavelmente, as crianças filhas de ouvintes percorrem, anteriormente, um caminho inver-

[3] Esse relato me foi feito em Língua Americana de Sinais (ASL) e traduzido para o português.

so: ao serem constantemente encaminhadas para os médicos, para fazerem tratamentos, reabilitações e treinos de fala, assimilam e constroem uma gama de significados diferentes, ou seja, veem-se talvez como únicas nessa condição, e como que se "obrigam" a existir como "deficientes". Nesse sentido, ver a surdez como deficiência, é, como bem pontua Skliar (2003), uma forma de violência, uma vez que, da maneira como é articulada, reafirma uma espécie de desgraça, um desajuste social e individual.

A surdez como deficiência pertence a uma narrativa assimétrica de poder e saber; uma "invenção/produção" do grupo hegemônico que, em termos sociais, históricos e políticos, nada tem a ver com a forma como o grupo se vê ou se representa: "Quando os surdos discutem sua surdez, eles usam termos profundamente relacionados com a sua língua, seu passado, e sua comunidade" (Padden & Humphries,1988: 44). No discurso predominante, ignora-se completamente o fato de que as alteridades às quais se referem como "deficientes" são cidadãos e sujeitos políticos que se articulam e fazem parte de movimentos sociais e militâncias; são homens ou mulheres marcados por suas orientações sexuais, religiosas, étnicas, de gênero, classe e idade (Pérez de Lara, 1999 *apud* Skliar, 2003). Infelizmente, na nossa sociedade, o aspecto cultural da surdez é ainda mais difícil de ser aceito quando os discursos recaem e se fixam exclusivamente no fenômeno físico.

Por que a surdez é vista negativamente pela sociedade?

O discurso médico tem muito mais força e prestígio do que o discurso da diversidade, do reconhecimento linguístico e cultural das minorias surdas. A surdez é construída na perspectiva do *déficit*, da falta, da anormalidade. O "normal" é ouvir, o que diverge desse padrão deve ser corrigido, "normalizado". Nesse processo normalizador, abrem-se espaços para a estigmatização e para a construção de preconceitos sociais. E, com um discurso tão forte e tão reforçado pela grande maioria, fica difícil pensar a surdez sob outro prisma, ou seja, pensar a surdez como *diferença,* pois:

> ...todo o processo de normalização é homogeneizador, ou seja, visa trazer cada elemento desviante para o espaço igualitário da norma. E uma vez normalizado, o indivíduo naturaliza a própria norma, ou seja, passa a crer que tudo o que diz respeito a ela é natural (teria sido "sempre assim") (Souza, 2002: 138).

Há também outros grupos que sofrem preconceitos, como é o caso do grupo dos negros, visto que o parâmetro social para cor de pele é a raça ariana, e o que diverge desse "ideal" é anomalia, desvio. Considerar algo como desvio pode levar a consequências inomináveis, como aconteceu na Segunda Guerra Mundial. O mesmo para a questão de gênero, de classe social, de faixa etária, de orientação sexual e religiosa, preconceitos que dão como fruto os horrores da intolerância. Na nossa sociedade, portanto, ser "normal" é ser homem, branco, ocidental, letrado, heterossexual, usuário de língua oral padrão, ouvinte, não cadeirante, vidente, sem "desvios" cognitivos, mentais e/ou sociais...

Outro dia, dando aula a um grupo de alunos surdos em São Paulo, um aluno lançou as perguntas: *"Por que há tanto preconceito na sociedade? Quando teremos mudanças?"* Não é simples responder a questões cuja complexidade extrapola nosso desejo de justiça e igualdade. A questão do preconceito social é um ciclo vicioso (e pernicioso) que está e sempre esteve presente na vida da humanidade. As sociedades, as instituições, as pessoas constroem estruturas e discursos para a manutenção e disseminação do preconceito quando apregoam, por exemplo, as representações da "normalidade":

> ... do normal corporal, do normal da sexualidade, do normal da língua, do normal do aprendizado, do normal do comportamento, do normal da escrita, do normal da leitura, do normal da atenção, do normal escolar etc. (Skliar, 2006: 19).

Veja-se que o autor nos faz refletir sobre mudanças de posições, mas também nos alerta para o fato de que há um risco em traduzir o discurso das diferenças justamente por incorrermos no risco de posicioná-las como algo contrário, oposto e negativo à ideia de "norma", do "normal", do "correto", do "melhor". Quando as grandes narrativas recaem em oposições binárias (homem/mulher, branco/negro, jovem/idoso, ouvinte/surdo), o *"diferencialismo"* pode fazer com que "a mulher seja o problema da diferença de gênero, o negro da diferença racial, a criança ou o velho da diferença etária, o jovem da diferença de geração, os surdos da diferença da língua" e assim por diante (Skliar, 2006: 23).

Retomando a questão levantada pelo aluno surdo sobre futuras mudanças na nossa sociedade, pode-se dizer que as mudanças, em se tratando de minorias, não são rápidas ou radicais. Em todas as esferas sociais, há níveis de demonstração de preconceitos; da mesma forma que há formas veladas em algumas ações (dizeres e fazeres). Alguns discursos sobre diferença e os usos da palavra *diversidade* podem, observa com clareza McLaren (2000), melindrosamente mascarar ideologias de assimilação. Trata-se de um discurso do "multiculturalismo conservador e coorporativo", criticado pelo autor e que também deve ser pensado no campo da surdez. As mudanças passam pelo reconhecimento da surdez como diferença, e, por sua vez, vão além de "uma aceitação formal" ou de "uma autorização para que os surdos sejam diferentes". Isso vale para todas as diferenças: trata-se de entendê-las prioritariamente como um reconhecimento político (Skliar, 1997).

A surdez é hereditária?

Os fatores hereditários da surdez foram alvo de especulação de muitos cientistas. Um exemplo clássico vem das investigações realizadas na Ilha de Martha's Vineyard, sudeste de Massachusetts, Estados Unidos, onde durante mais ou menos dois séculos a população da ilha apresentava um elevado número de cidadãos surdos. O estudo comparativo partia da estimativa de que, no século XIX, a cada 5.728 indivíduos americanos nascidos 1 era surdo, ao passo que em Martha´s Vineyard a proporção era a de 1 surdo para cada 155 recém-nascidos (Groce, 1985: 3). Esses números foram levantados considerando o curso de três séculos, e poderiam ser maiores se alguns descendentes não tivessem deixado a ilha para viver no continente.

No estudo de que estamos falando, Groce apontou que a elevada ocorrência da surdez não se dava em função de traumas ou doenças contagiosas — capazes de provocar a surdez — e também por acidentes, doenças contraídas na gestação ou efeitos colaterais do uso de medicamentos, por exemplo. Mas quando há uma ocorrência muito grande entre familiares, entre gerações, as chances passam a ser genéticas, ou mesmo hereditárias. Cogitou-se, ainda, a probabilidade de ter ocorrido uma epidemia, que apareceria, de acordo com Groce, nos registros históricos no período dos três séculos analisados. Na investigação, sugere-se que o modelo de herança para a surdez, configurado na ilha, era transmitido a partir de um gene recessivo:

> Um gene, ao afetar um aspecto do desenvolvimento neural ou anatômico do mecanismo da audição, é alterado de tal forma que o desenvolvimento normal não ocorre (p. 22).

Várias especulações e reconstruções de árvores genealógicas foram feitas para tentar descobrir a primeira vez em que o gene de mutação ocorreu e como essa característica genética se espalhou pela população da ilha, mas não se chegou a uma conclusão definitiva. O fato é que a situação da ilha configurou-se de tal forma que os indivíduos surdos não eram vistos e não se viam como deficientes ou anormais: tinham os mesmos direitos, mesmos empregos, participavam da sociedade de forma igualitária, casando-se com ouvintes ou surdos. Essa atitude social de aceitação da surdez fez da ilha um local bilíngue, onde seus moradores usavam inglês e língua de sinais em todos os contextos. Assim pode ser visto, na fala registrada, em 1895, por um repórter britânico:

> Você faz uma chamada nas mediações — eles não têm coisas como os chás das tardes. A língua falada e a língua de sinais estarão tão misturadas na conversa que você passa de uma para outra, ou usa as duas de uma vez só, quase inconscientemente. Metade da família fala, muito provavelmente, a outra metade não, mas os surdos não estão desconfortáveis em sua privação, porque a comunidade tem se ajustado à situação perfeitamente (Groce, 1985: 53).

Pode ser o caso de o uso de duas línguas não ser assim tão tranquilo (o surdo é considerado "privado" da audição), embora a obra de Groce não se aprofunde nesse aspecto. Mas o fato é que, diferentemente de outras situações em que os falantes de línguas orais e de sinais estão em contato, o relato da ilha aponta uma maior naturalidade diante da surdez, da língua de sinais, dos surdos e de seus habitantes ouvintes. A comunidade parece ter-se ajustado à surdez, e não o contrário. No Brasil, não temos nenhum caso de uma ilha ou mesmo de uma cidade que se compare à situação vivida em Martha's Vineyard. Há, todavia, um fato macabro e triste na história mundial, instaurado e fomentado no período pós-guerra, com o discurso nazista de Adolf Hitler em busca da raça humana "pura". Conhecemos bem essa desumanidade e perversidade histórica, mas talvez não seja de conhecimento de muitos que, além dos judeus, os surdos também foram alvo de genocídio.

Comprometidos com o *movimento eugênico*[4], vários acadêmicos — incluindo Alexander Graham Bell, nosso inventor do telefone — lideraram campanhas para proibir qualquer tipo de contato surdo-surdo, relegando-os ao isolamento linguístico e social absoluto, temerosos de que a raça humana pudesse ser contaminada ou degenerada pela transmissão de genes "defeituosos". Embora tenha sido professor de surdos, Graham Bell foi defensor veemente do oralismo e julgava a língua de sinais imprecisa e inferior à fala oral (Groce, 1985; Lane, 1984). O caso de Martha's Vineyard serviu de base para ele investigar a questão da hereditariedade da surdez, mas em suas especulações não conseguiu explicar o fato de alguns pais surdos não terem filhos surdos. Isto porque o desenvolvimento do conceito do aspecto recessivo de herança genética foi apontado por Mendel apenas em 1900. O fato mais grave de toda a especulação de Graham Bell, todavia, não está apenas na falta de comprovação do que dizia, mas especialmente na injustiça e irresponsabilidade científicas em liderar campanhas proibindo o agrupamento de surdos, já que ele definia a surdez como uma "anormalidade da raça humana". Sua notoriedade, agregada ao pensamento eugênico da época[5], fez com que ele obtivesse atenção pública. Ele conseguiu difundir essas ideias primordialmente a partir de uma palestra proferida na National Academy of Sciences, em 1883, intitulada *Memoir upon the Formation of a Deaf Variety of the Human Race.* Vários outros fatos macabros são relatados, mas, atualmente, já se reconhece a tremenda atrocidade cometida contra os surdos no passado, que resultou no crime da privação linguística e no estigma social e psicológico que carregam, até hoje, todos os surdos na nossa sociedade.

Há diferentes tipos e graus de surdez?

Certamente. A literatura mostra que o indivíduo pode ficar surdo por várias causas, e que há "aproximadamente 70 tipos de surdez hereditária;

---

[4] O movimento eugênico inspirou, em vários países, a instauração de leis que exterminariam futuras gerações definidas como incapazes, a saber: os doentes físicos, mentais, indivíduos de raças indesejadas e empobrecidos, através da probição de casamento, esterilização coercitiva, eutanásia e genocídio.

[5] Graham Bell foi presidente do Segundo Congresso Internacional de Eugenia em 1921, em Nova York. As leis defendidas nesse congresso serviram de base para aquelas propostas pelo movimento nazista.

mais ou menos 50% delas estão associadas com outras anormalidades" (Groce, 1985: 22). Dentre as causas congênitas, o contato do embrião ou feto com os vírus da rubéola, sífilis, toxoplasmose, citomegalovírus e herpes são as causas mais recorrentes. Outros indicadores de riscos para os recém-nascidos são as anomalias craniofaciais, hiperbilirrubinemia, neurofibromatoses, meningite bacteriana, medicações ototóxicas etc. Conforme Santos, Lima & Rossi (2003: 19-20), o **tipo** de surdez pode ser *condutiva, neurossensorial* ou *mista*. A condutiva ocorre por uma "alteração na orelha externa (meato acústico) e/ou média (membrana timpânica, cadeia ossicular, janelas oval e redonda e tuba auditiva)". Já o tipo neurossensorial afeta a cóclea e/ou o nervo auditivo. As perdas auditivas mistas, por sua vez, englobam alterações condutivas e neurossensoriais.

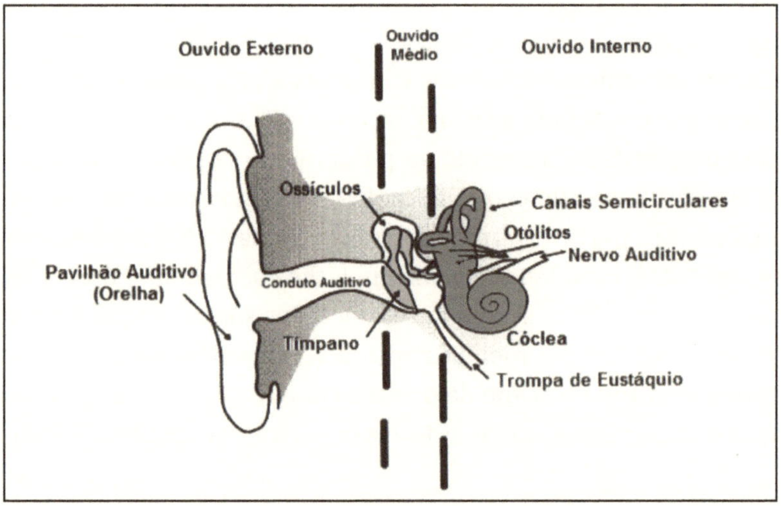

Fonte: http://pt.wikipedia.org/wiki/Ouvido

O **grau** de surdez pode variar de leve a profundo. A surdez leve pode, entretanto, ir se agravando com o tempo e virar surdez profunda. São limiares de cálculo os resultados em decibéis: "normal: até 25 dB, leve: de 26 a 40 dB, moderada: de 41 a 55 dB, moderadamente severa: de 56 a 70 dB, severa: de 71 a 90 dB, profunda: maior que 91 dB"[6].

Uma última palavra. É facilmente demonstrável que a classificação dos tipos e graus de surdez pode nos cegar para o entendimento das re-

6 Silman & Silverman, 1991 *apud* Santos, Lima & Rossi, 2003.

lações que cada indivíduo estabelece com a língua de sinais, identidade e cultura surda. Um surdo profundo, por exemplo, pode não se identificar com a língua ou cultura dos surdos e optar exclusivamente pela oralização, da mesma forma que um surdo com surdez leve ou moderada pode demonstrar uma relação contrária: uma profunda identificação com os traços culturais dos surdos sinalizantes. É nesse sentido que se pode dizer que nem todos os indivíduos com algum tipo de perda auditiva são necessariamente *deficientes auditivos* ou *surdos* — estamos falando, é claro, da carga ideológica que as nomeações carregam, e respeitando a filiação na qual cada um se inscreve sócio-historicamente.

Aparelhos auditivos ajudam o surdo a ouvir melhor?

Sim... ruídos! Não língua como se pensa. Vejamos um episódio relatado por uma entrevistada surda profunda:

> *Quando eu era pequena sempre quis ter um aparelho auditivo. Pedia para minha mãe comprar e ela sempre dizia que ia ver... Tinha vontade porque via alguns surdos usando atrás da orelha e achava que eu devia usar também. Achava bonito e, enquanto não ganhei um, não sosseguei. Minha mãe comprou um e eu fiquei muito feliz... No começo eu usava bem feliz, mas a verdade é que me incomodava. Sempre me incomodou, o aparelho é muito desconfortável. Faz ruídos muito altos e eu tinha dores de cabeça e irritações, pois ao ligar aquilo começa a fazer barulho na minha orelha. Minha cabeça não aguentava. Aos poucos, fui deixando de usar. Não gostava da sensação que sentia. Minha mãe começou a me obrigar a usar e disse que era para o meu bem, para eu poder ouvir os outros e aprender a falar. Mas nunca ouvi nada ou entendi nada. Só via a boca dos outros mexendo, abrindo e fechando sem som, e então eu imitava para deixar minha mãe feliz...* (entrevista gerada em 2004)[7].

A crença de que os aparelhos auditivos funcionariam para restabelecer a audição do surdo profundo é compartilhada por muitas pessoas. Puro engano. O que os aparelhos auditivos[8] fazem é amplificar um som,

---

7 Entrevista concedia em LIBRAS e traduzida para o português.

8 Os aparelhos auditivos são dispositivos eletrônicos, miniamplificadores, cuja função é conduzir o som à orelha através da coleta e transmissão da onda sonora. Seu mecanismo atua de

que possivelmente funcionaria para pessoas mais idosas que, com o passar do tempo, perdem parte de sua audição, ou mesmo para aqueles que têm um resíduo auditivo maior. Entre os indivíduos com perda auditiva total, há uma distinção na literatura entre o surdo *pós-lingual* e *pré-lingual*. O primeiro refere-se àquele que experimentou a audição durante um período da sua vida e mantém relações, possivelmente de ordem neurológica e por associações baseadas na experiência, com a língua sonora. O surdo *pré-lingual*, por outro lado, "não tem experiência auditiva ou imagens para invocar" (Sacks, 1990: 6). No caso de surdos profundos, de nascença, o que se obtém ao fazer uso de aparelhos auditivos são apenas ruídos fortes, que são muito desagradáveis. O único tipo de "funcionalidade" poderia ser a expressada por um surdo que afirmou que, às vezes, gosta de sentir chiados na orelha, especialmente para garantir que perceberá quando a campainha ou o telefone tocam, por meio de sons provocados por uma vibração amplificada no tímpano. Mas ao ser perguntado se ouvia e entendia a língua portuguesa quando um ouvinte falava, ele respondeu negativamente:

> *Tem uma época que todos os surdos querem ter o aparelho e acho que é porque as pessoas pensam que vamos recuperar a nossa audição, vamos voltar a falar português. Alguns ouvintes sempre me perguntam se os aparelhos auditivos ajudam o surdo a ouvir melhor... Eu não escuto nada além de ruídos. Muitos pais pensam que funciona como mágica... Eu conheço pais que proíbem os filhos de sair de casa sem o aparelho na orelha...*[9]

As próteses ou aparelhos auditivos, conforme argumentam os fonoaudiólogos, ajudariam as crianças com surdez severa ou profunda a "estimular a audição residual" e, assim fazendo, "perceber os componentes acústicos da fala". Veja-se que se está falando em "percepções e estímulos". A escuta auditiva e o discernimento dos sons vocálicos ou consonantais da língua portuguesa são identificados somente pelos indivíduos que têm surdez moderada ou leve (Lima, Boechat & Tega, 2003: 44-45) e, mesmo assim, dentro de um modelo gradativo de reabilitação auditiva que vai desde a detecção, discriminação e reconhecimento dos sons até a compreensão da linguagem. E esta última vai muito além da utilização das

forma a evitar a dispersão do som ou distorções. Os modelos mais recorrentes são: convencional ou de bolso, do tipo retroauriculares, microcanais e intracanais. Pesquisado em: http://saude.hsw.uol.com.br/aparelho-auditivo2.htm.

9 Relato dado em LIBRAS e traduzido para o português.

habilidades puramente acústicas, uma vez que a compreensão da linguagem é complexa e envolve uma multiplicidade de fatores: ela pressupõe relações entre mensagem e contexto, domínio de conceitos e a vivência social, o próprio conhecimento de linguagem da criança, a sua memória sequencial e os conhecimentos gramaticais...

É preciso ainda considerar que, quando prescrevem o uso de próteses depois da avaliação audiométrica, os profissionais da área pontuam que a idade, a motivação, o estilo de vida e o estado geral de saúde são variáveis que afetariam o "sucesso" da reabilitação. Portanto, os aparelhos não atuam na decodificação instantânea da linguagem apenas ao serem agregados ao ouvido, do mesmo modo que uma pessoa completamente cega, por exemplo, não passa a enxergar utilizando óculos ou lentes de grau. Vários surdos com surdez profunda, oralizados e não oralizados, de diferentes idades, submeteram-se ao uso de próteses auditivas, e é importante dizer: todos os relatos que eles fazem são muito similares quando se pergunta sobre as experiências com o aparelho. Todos informam que há escuta de *ruídos*, apenas ruídos que vibram na orelha. Os indícios daqueles que "voltam a escutar", pode-se concluir, seriam casos excepcionais.

O implante coclear recupera a audição do surdo?

As intervenções cirúrgicas em pacientes surdos têm sido alvo de muita polêmica. A recuperação da audição, nesses casos, vai depender de inúmeras variáveis, mas há muito ceticismo em caso de surdos profundos, especialmente adultos. Nos experimentos em que um surdo tenha se submetido ao implante, o resultado é sempre drástico, pois, além de se tratar de um método invasivo para a colocação do dispositivo interno, o sucesso com as respostas auditivas dependerá de vários fatores: idade do surdo, tempo de surdez, condições do nervo auditivo, quantidade de eletrodos implantados, situação da cóclea, tempo da surdez, trabalho fisioterápico do fonoaudiólogo, acompanhamento periódico do médico para ativação e ajustes no dispositivo do implantado etc. Há quem considere todos esses fatores irrelevantes, mas tenho observado e conversado com colegas surdos implantados e a satisfação não é tão expressiva...

Corrente manifestação, a esse respeito, é a visão de muitos ouvintes, geralmente inscritos em uma narrativa hegemônica, que vê a surdez exclusivamente no viés patológico. Uma professora ouvinte, que estava em suas primeiras aulas de LIBRAS, afirma:

> *.. o caminho mais certo seria trabalhar mais a questão da fala do surdo, a medicina está avançando tanto! Acredito que se poderá corrigir a audição com os avanços tecnológicos. Eu sei também que tem gente (as minhas colegas, por exemplo) que me crucificariam me ouvindo falar desse jeito, mas é como eu vejo. Tem muita gente (não só da fonoaudiologia) que pensa assim e não tem coragem de dizer* (notas de campo, 4/10/2003).

O discurso está claramente amarrado ao ideal de um indivíduo que fala e ouve, a "um desejo de tornar os surdos ouvintes, e esse desejo passa pelo discurso da cura, que prega a recuperação da audição e o desenvolvimento de uma língua (neste caso, a língua oral)" (Gesser, 2006: 82). Também em Silva (2005) essa questão fica saliente, e a autora discorre sobre as representações manifestadas por alguns pais e professores sobre o surdo, a surdez, e sobre a língua de sinais na escola e na família, que, por sua vez, estão pautadas no discurso assimilador e normalizador.

A surdez compromete o desenvolvimento cognitivo-linguístico do indivíduo?

Essa é uma crença muito séria. Já está comprovado por estudos científicos que ela está ligada, em grande medida, ao poder dos discursos médicos. O surdo pode e desenvolve suas habilidades cognitivas e linguísticas (se não tiver outro impedimento) ao lhe ser assegurado o uso da língua de sinais em todos os âmbitos sociais em que transita. Não é *a surdez* que compromete o desenvolvimento do surdo, e sim a falta de acesso a uma língua. A ausência dela tem consequências gravíssimas: tornar o indivíduo solitário, além de comprometer o desenvolvimento de suas capacidades mentais. Através da língua nos constituímos plenamente como seres humanos, comunicamo-nos com nossos semelhantes, construímos nossas identidades e subjetividades, adquirimos e partilhamos informações que nos possibilitam compreender o mundo que nos cerca — e é nesse sentido que a linguagem ocupa "um papel essencial na organização das funções psicológicas superiores" (Vygotsky: 1984).

É comum ouvirmos as pessoas falarem que o surdo é muito irritado, agressivo, nervoso e até débil mental. O fato é que esses estereótipos são construídos com base em paradigmas inapropriados, criados por aqueles que insistem em educar os surdos através da língua oral, uma língua totalmente alheia a sua forma visual de perceber e de se expressar no mundo. Quando os surdos são abordados e educados através da língua de sinais, nenhum desses "problemas" de ordem social se apresenta. Sacks (1990: 11) ilustra vários casos de surdos que sofrem por conta da barreira linguística que tinham de enfrentar, isto é, a educação via língua oral, mesmo dotados da capacidade natural para construir e adquirir conhecimentos. Da perspectiva dos ouvintes, a interação entre surdos e ouvintes é limitada, truncada e emocionalmente problemática, dado o tipo de educação e de língua que lhes são impostos. Então, os surdos estão longe de serem estúpidos ou deficientes mentais, pois viveram (e vivem?) uma situação que os põe em desvantagem em relação ao ouvinte em todos os aspectos, especialmente no tocante à proibição e à falta de uso da língua de sinais na vida escolar.

Veja-se, por exemplo, quão atuais são os questionamentos do abade Roche Ambroise Sicard, membro fundador da Sociedade de Observadores do Homem e autoridade respeitável nos assuntos de educação de surdos, ao questionar o "hiato" de comunicação entre surdos e ouvintes:

> Mas por que, nos perguntam, o surdo inculto é isolado na natureza e incapaz de se comunicar com outros homens? Por que está reduzido a esse estado de imbecilidade? Sua constituição biológica difere da nossa? Não possui tudo de que precisa para ter sensações, adquirir ideias e combiná-las para fazer tudo o que nós fazemos? Não recebe, como nós, impressões sensoriais dos objetos? Da mesma forma que nós, não é a impressão sensorial a causa ocasional da sensação da mente e suas ideias adquiridas? Por que então o surdo permanece estúpido, enquanto nós nos tornamos inteligentes? (Lane, 1984: 84-85).

Nesse conjunto de indagações, encontramos respostas para parte da origem dos preconceitos construídos e narrados na vida dos surdos. Eis que se esboça como cerne de toda a discussão, a partir do questionamento do Abade Sicard, o conceito que se tinha de língua e de fala. Fora atribuída aos surdos uma condição quase inferior à dos animais, no sentido mais primitivo, no que se refere à comunicação, desenvolvimento humano e linguagem. Não é a surdez que priva o individuo surdo de se desenvolver como indivíduo em sua totalidade: reconhece-se o impedimento biológico articulatório-perceptual, mas, como bem pontua o linguista Noam Chomsky (1995), o termo "articulatório" no processo de aquisição e funcionamento das línguas não deve se restringir à *modalidade vocal* apenas. O autor reconhece que há uma plasticidade possível no sentido de a articulação e a percepção linguística se darem em outra modalidade, como no caso da modalidade visual-gestual das línguas de sinais. Então, em termos de aquisição de linguagem, é possível afirmar que o processo de crianças surdas adquirindo a língua de sinais é análogo, em muitos aspectos, ao de crianças ouvintes. Conforme descrito por vários pesquisadores, são observáveis todos os estágios: período pré-linguístico, estágio de uma palavra, as primeiras combinações lexicais e das múltiplas combinações... (Quadros, 1997: 70). O funcionamento da esfera cognitiva, linguística e afetiva no indivíduo surdo se desenvolve a partir do acesso a uma língua que não dependa do recurso da audição, o que significa que os estigmas e problemas apontados na pessoa surda "são produzidos por condições sociais" (Góes, 1996: 38).

Que momento nós vivemos?

Há um sentimento de mudança pairando no ar... Tomando como base tudo o que foi abordado, talvez não fosse demasiado otimismo afirmar que vivemos um momento profícuo e ímpar, já que muitas conquistas foram alcançadas: a oficialização da LIBRAS, o direito do surdo de ter um intérprete nas universidades, a obrigatoriedade de formação nas áreas de licenciaturas no ensino superior para surdos, a inclusão da LIBRAS em alguns currículos... Sem dúvida, o momento é do surdo e para o surdo. Mas nas ondas das boas novas também se infiltram as velhas práticas e os velhos discursos...

Estamos vivendo um processo de transições, adaptações e reformulações e muitos discursos podem ser encobertos e mascarados em prol de interesses individuais. Há uma distância enorme entre o *dizer* e o *fazer*. Por tanto tempo se fala nas implicações positivas do uso de língua de sinais na escolarização do surdo e, ainda assim, há resistências quanto a essa questão, ora por falta de espaços, oportunidades e apoio para os educadores ouvintes se aperfeiçoarem na sua proficiência linguística, ora por se perpetuarem visões preconceituosas sobre a língua de sinais e posturas paternalistas na relação com os surdos. Também testemunhamos os descompassos entre os discursos teóricos e a atuação de profissionais na prática cotidiana. Esse descompasso ocorre por vários motivos, e estão amarrados às crenças articuladas neste livro. Parece muito pertinente um afastamento do ouvinte para que o espaço surdo seja ocupado e construído *por surdos*, e, eventualmente, em parcerias com profissionais ouvintes engajados com as questões e as causas surdas.

E no que se refere à oficialização da LIBRAS, o que esperar do decreto nº 5626? Em primeiro lugar, devemos ponderar que o decreto por si só não elimina o sentimento de culpa e os dramas vividos no seio familiar, nem tampouco os fracassos e insucessos na escolarização do surdo. Além disso, naquilo que diz respeito ao reconhecimento linguístico e cultural, outras ações são necessárias e cruciais para constituir e legitimar socialmente o que a lei já assegura. Ouço as pessoas dizerem, entusiasmadas e eufóricas, *"com o decreto tudo vai mudar..."*. Contudo, sabemos que apenas o registro legal não basta para garantir mudanças e eliminar preconceitos. Passar pelos documentos oficiais é importante e afirmativo, mas há que se ir além e, certamente, um dos caminhos passa pela educação e formação dos indivíduos e pelas decisões de políticas linguísticas e educacionais (Cavalcanti, 1999). Nessa linha de raciocínio, a educadora e pesquisadora da área, Regina Maria de Souza, em entrevista concedida à *Folha Dirigida - São Paulo*, em 2007, responde à pergunta de se a obrigatoriedade da disciplina da língua de sinais brasileira nos currículos seria suficiente para a integração social dos surdos:

> *...não é a língua, ou a existência curricular de "uma disciplina" chamada LIBRAS, que faz um grupo se integrar a uma suposta maioria, mas medidas políticas, tais como: melhor distribuição de renda; valorização da carreira do professor e salários dignos; escolas preparadas para assumirem uma política linguística de educação bilíngue; condições de acessibilidade e de respeito às diferenças sociolinguísticas que marcam nosso país; a oportunização de condições para que esses brasileiros — que não têm como língua materna o português (caso dos surdos) — possam exercer sua cidadania ao serem considerados, politicamente, brasileiros também em LIBRAS; e claro, uma formação universitária de qualidade de futuros educadores. Este último aspecto, o da formação de professores para atuarem em contextos educacionais bilíngues,*

> *é um dos grandes problemas a serem enfrentados pelas IES. Não se pode falar em igualdade de condições de ensino na escola se não existir uma política de formação universitária de educadores devidamente capacitados para fazerem face às diferenças linguísticas existentes em nosso país — diferenças que não se restringem somente ao caso dos surdos...*

Embora defendamos a legitimidade da língua de sinais, convém não negar os vários arranjos e formas de usos linguísticos estabelecidos nas interações surdo-ouvinte, uma vez que o interesse e a vontade do surdo de travar uma conversa com o ouvinte extrapolam as barreiras linguísticas. De qualquer forma, o *elo* que aproxima ouvintes e surdos é o da língua de sinais, e desde sempre ela foi banida e rejeitada. Muitos pais a rejeitam porque não sabem como lidar com seus filhos; são vítimas, da mesma forma que alguns educadores. Todavia, se algo há para ser mudado, é a prática do distanciamento entre pais/professores ouvintes e seus filhos/alunos surdos provocada pelo medo e pelo desconhecimento da surdez. Esse estranhamento é dramatizado pelos surdos na peça teatral *My Third Eye, 1973*:

> [ator surdo reportando um episódio entre filho surdo e mãe ouvinte]
> *... perguntei novamente onde nós estávamos indo, mas ela não me respondeu. Pela primeira vez, eu comecei a ter um sentimento de medo e um pressentimento. Eu lancei um olhar para sua face, mas ela estava imóvel e os seus olhos estavam fixos em um lugar não avistado em alguma parte no além. Nós andamos por um longo período, e então paramos e nos defrontamos com um edifício enorme... Caminhamos na direção do edifício e, já dentro, fiquei imediatamente preso por um cheiro medicinal e institucional. Este não parecia um hospital nem outro edifício em que eu tivesse estado antes. Minha mãe se inclinou, me virou para si, e disse: "aqui é onde você vai ter toda a sua educação. Não se preocupe, eu verei você novamente mais tarde." Então, ela parecia não poder dizer mais nada: me abraçou rapidamente, deu-me um beijo, e então, inexplicavelmente, partiu* (gravação em vídeo em ASL da produção original do Teatro Nacional dos Surdos citada por Padden & Humphries, 1988: 18-19).

A cena é comovente, mas é necessário tomá-la como um tratamento de choque. O trecho da peça provoca em nós um sentimento de indignação; mas também nos sensibiliza para entender os dramas a partir das perspectivas do filho surdo resignado — no seu papel de obediência — e da mãe impotente e frustrada diante da surdez do filho. O fragmento encenado serve de ilustração para nós, pais e professores, repensarmos o legado que estamos deixando para os surdos, e a que custo. Afinal, que educação queremos defender e que papéis ocuparemos na história da educação dos surdos das próximas gerações?

Considerações finais

Quando aceito a língua de outra pessoa, eu aceitei a pessoa... A língua é parte de nós mesmos... Quando aceito a língua de sinais, eu aceito o surdo, e é importante ter sempre em mente que o surdo tem direito de ser surdo. Nós não devemos mudá-los; devemos ensiná-los, ajudá-los, mas temos que permitir-lhes ser surdos... (TERJE BASILIER, *psiquiatra norueguês, 1993*).

Este livro aponta e discute algumas questões que permeiam a vida dos surdos. Muitas crenças e preconceitos ainda são compartilhados e permanecem muito vivos e fortes na nossa sociedade. As perguntas ou asserções expostas aqui aparecem de forma recorrente nas discussões sobre a surdez e levam tempo para ser diluídas ou desconstruídas. Ao falar sobre *a língua de sinais*, no capítulo 1, transitamos por crenças como a universalidade, a artificialidade e a agramaticalidade. Vimos que as línguas de sinais também não são mímicas ou pantomimas, pois exprimem ideias abstratas e apresentam todas as propriedades linguísticas presentes nas línguas humanas orais. Ela tampouco é um código secreto dos surdos; não nos expressamos pelo alfabeto manual e os significantes da língua de sinais não são exclusivamente icônicos. Pode-se dizer que as línguas de sinais são autônomas e não se originaram nem dependem das línguas orais para existirem, mas nem por isso seus falantes deixam de incorporar termos e fazer empréstimos linguísticos em seu repertório discursivo de uso. Como todas as línguas faladas, a LIBRAS também varia no território brasileiro, apresentando regionalismos, variedades e "sotaques", de norte a sul e, atualmente, alguns pesquisadores começam a investigar e testar um sistema de escrita, para descolá-la do *status* de língua ágrafa.

No capítulo que discorre sobre *o surdo*, foi marcada a diferença entre as nomeações pejorativas e concepções falsas sobre a vida desses indivíduos: o silêncio é redefinido e a visão estereotipada que temos deles são simplesmente projeções ouvintes distorcidas sobre a condição surda. O povo surdo constrói sua(s) cultura(s) e identidade(s) surda(s) de uma forma própria que os desloca do paradigma patológico. A oralização é uma prática dos ouvintes — imposta aos surdos e pautada em uma não aceitação da surdez como traço cultural — e aqueles que a defendem acreditam ser ela (a oralização) a única possibilidade de sobrevivência e de integração do surdo na sociedade majoritária. Desdobram-se dessa visão várias outras crenças e preconceitos que afirmam que o surdo não fala porque não ouve, não escreve porque não fala, ou, ainda, que os sinais atrapalhariam a aprendizagem da língua oral e que os surdos precisam da língua portuguesa para sobreviver na nossa sociedade...

No capítulo 3, intitulado *A surdez*, apontamos que a surdez é, historicamente e socialmente, um problema para o ouvinte. Ela em nada afeta a vida dos surdos — o problema começa a existir quando queremos torná-los ouvintes e falantes de uma língua oral. Ver a surdez como deficiência é inscrever-se no paradigma da normalidade ouvinte, que rejeita as outras culturas e outras identidades que o indivíduo constrói, ou seja, outras formas de se relacionar com o mundo. O preconceito não se elimina facilmente, mas vemos que a surdez é vista negativamente por conta dos discursos dominantes e do prestígio da área clínica. As alternativas da utilização de aparelhos auditivos e intervenções cirúrgicas têm uma marca forte na vida dos surdos, mas, ao mesmo tempo, são observáveis resistências por parte da comunidade surda. Não são práticas milagrosas — como podem acreditar alguns leigos — e os relatos e experiências dos surdos caminham nesse trilho. Em nada a surdez compromete o desenvolvimento cognitivo-linguístico do surdo se ele tiver respeitado o seu direito de usar e se expressar na sua língua natural — a de sinais. O momento atual é muito positivo, instaurado por meio de lutas históricas e persistentes de todos aqueles que têm acreditado que há outras formas de narrar os surdos, a surdez e a língua de sinais — e é nessa direção que os ventos deste livro procuram soprar.

Por fim, acho oportuno e relevante, no momento de concluir, retomar os direitos linguísticos dos surdos propostos por Gomes de Matos, em 1984, na *Revista de Cultura Vozes*, conforme citados por Lucinda Ferreira Brito em seu livro *Integração social e educação de surdos* (1993: 79-81). Como veremos abaixo, o manifesto aponta questões atuais que devem ser respeitadas pela sociedade ouvinte como um todo:

1. **Direito à igualdade linguística.** O surdo tem direito a ser tratado linguisticamente com respeito e em condições de igualdade.
2. **Direito à aquisição da linguagem.** O surdo tem direito a adquirir sua língua materna, a língua de sinais, mesmo que essa não seja a língua de seus pais.
3. **Direito de aprendizagem da língua materna.** Todo surdo tem direito a ser alfabetizado em tempo hábil e de se desenvolver linguisticamente, segundo preconizado pela educação permanente.
4. **Direito ao uso da língua materna.** O surdo tem direito de usar sua língua materna em caráter permanente.
5. **Direito a fazer opções linguísticas.** O surdo tem o direito de optar por uma língua oral ou de sinais segundo suas necessidades comunicativas.
6. **Direito à preservação e à defesa da língua materna.** Como minoria linguística, os surdos têm o direito de preservar e defender o uso da língua materna.
7. **Direito ao enriquecimento e à valorização da língua materna.** Todo surdo tem direito de contribuir com o acervo lexical da língua materna e de valorizá-la como instrumento de comunicação nos planos local (municipal, estadual, regional, nacional) e internacional.
8. **Direito à aquisição/aprendizagem de uma segunda língua.** Todo surdo, após sua escolarização inicial em língua de sinais, tem o direito de aprender uma ou mais línguas (além da materna).
9. **Direito à compreensão e à produção plenas.** O surdo tem direito de usar a língua que mais lhe convier, oral ou de sinais, no intuito de compreender seu interlocutor e de se fazer entender por ele. No caso do uso da língua oral, o surdo tem direito de cometer lapsos, de se autocorrigir, de empenhar-se a fim de ser claro, preciso e relevante. O mesmo deve valer para a língua de sinais.
10. **Direito de receber tratamento especializado para distúrbios da comunicação.** Todo surdo tem o direito de reivindicar e de receber tratamento especializado para a aquisição de uma língua oral [se assim desejar].
11. **Direito linguístico da criança surda.** Direito de ser "compreendida" pelos pais; direito de receber dos pais dados linguísticos necessários para seu desenvolvimento linguístico inicial (no período de aquisição da língua materna). No caso de os pais serem ouvintes, estes devem

dar aos filhos surdos a possibilidade de mútua compreensão, aprendendo, tão logo descubram a surdez dos filhos, a língua de sinais.

12. **Direito linguístico dos pais de crianças surdas.** Direito de aprender e usar sem opressão a língua de sinais, canal natural de comunicação para o filho surdo, para que possa comunicar-se com ele na vida diária e no período em que a interação pais e filhos se faz necessária para a criança.
13. **Direito linguístico do surdo aprendiz da língua oral.** Direito de "errar" oralmente ou por escrito sem ser punido, humilhado, por opções linguísticas inadequadas; direito de ser sensibilizado contra os preconceitos e discriminações de natureza linguística (ou sociolinguística).
14. **Direito do professor surdo e de surdos.** Direito de receber formação sobre a natureza da língua de sinais, sua estrutura e seus usos e de ensinar nessa língua, meio mais natural de comunicação com e/ou entre os surdos.
15. **Direito linguístico do surdo como indivíduo bilíngue.** Direito de mudar de uma língua para outra de acordo com a situação que se lhe apresente, desde que assegure a compreensão da mensagem pelo ouvinte.
16. **Direito linguístico do surdo como conferencista.** Direito de proferir palestras na língua de sinais, fazendo-se compreender e contando, para isso, com intérpretes ouvintes que dominem sua língua de sinais e a língua oral oficial da situação de um congresso, por exemplo.
17. **Direito linguístico do surdo de se comunicar com outros surdos.** Direito de usar a língua de sinais para se integrar com os outros surdos, primeiro passo para uma integração na sociedade como um todo.

Referências bibliográficas

AHLGREN, I. (1994). Sign Language as the First Language, in AHLGREN, I. & HYLTENSTAM, K. (orgs.), *Bilingualism in Deaf Education*. Hamburg: Signum-Verlag, pp. 55-60.

AKMAJIAN, A., DEMERS, R. A., FARMER, A. K., & HARNISH, R. M. (1995). *Linguistics: An Introduction to Language and Communication*. Cambridge, Mass.: MIT Press.

BAGNO, M. (1999). *Preconceito linguístico. O que é como se faz*. São Paulo: Edições Loyola.

BATTISON, R. (1974). Phonological Deletion in American Sign Language. *Sign Language Studies*, 5, 1-19.

BAYTON, C. D. (1996). *Forbidden Sign: American Culture and the Campaign Against Sign Language*. Chicago: The University of Chicago Press.

BHABHA, H. K. (1992). Post Colonial Criticism, in GREENBLATT, S. & GUNN, G. (orgs.). *Redrawing the Boundaries: The Transformation of English and American Literary Studies*. New York: Modern Language Association.

BIDERMAN, M. T. C. (1998). *Dicionário didático de português*. São Paulo: Editora Ática.

BOTELHO, P. (1998). *Segredos e silêncios na educação dos surdos*. Belo Horizonte: Autêntica.

CAPOVILLA, F. C., RAPHAEL, W. D. (2001). *Dicionário enciclopédico ilustrado trilíngue da língua de sinais brasileira*. Vol. I e II . São Paulo: Edusp.

CAPOVILLA, F. C., RAPHAEL, W. D. (2004). *Enciclopédia da Língua de Sinais. O mundo do surdo em LIBRAS*. Vol.1 - Educação. São Paulo: Edusp.

CAVALCANTI, M. C. (1999a). Estudos sobre educação bilíngue e escolarização em contextos de minorias linguísticas no Brasil. *Revista D.E.L.T.A., 15*, nº especial, pp. 385-418.

CÉSAR, A., & CAVALCANTI, M.C. (2007). Do singular para o multifacetado: o conceito de língua como caleidoscópio, in CAVALCANTI, M. C. & BORTONI-RICARDO, S. M. (orgs.). *Transculturalidade, linguagem e educação*. Campinas: Mercado de Letras.

CHOMSKY, N. (1995). *The Minimalist Program*. Cambridge, Mass.: MIT Press.

CRYSTAL, D. (1988). *Dicionário de linguística e fonética*. Rio de Janeiro: Jorge Zahar.

DE CERTEAU, M. (1994). *A invenção do cotidiano – Artes de fazer*. Petrópolis: Vozes.

DE CERTEAU, M. (1995). *A cultura no plural*. Campinas: Papirus.

DE CERTEAU, M. (1996). *A invenção do cotidiano – Artes de cozer*. Petrópolis: Vozes.

FERNANDES, E. (1989). *Problemas linguísticos e cognitivos dos surdos*. Rio de Janeiro: Agir.

FERREIRA BRITO, L. (1993). *Integração social e educação de surdos*. Rio de Janeiro: Babel Editora.

FERREIRA BRITO, L. (1995). *Por uma gramática de língua de sinais*. Rio de Janeiro: Tempo Brasileiro.

FRIEDMAN, L. A. (1977). *On the Other Hand*. New York: Academic.

GESSER, A. (1999). *Teaching and Learning Brazilian Sign Language as a Foreign Language: a Microethnographic Description*. Dissertação de mestrado inédita, Florianópolis: UFSC.

GESSER, A. (2006). *"Um olho no professor surdo e outro na caneta": ouvintes aprendendo a língua brasileira de sinais*. Tese de doutorado inédita, Campinas: UNICAMP.

GESSER, A. (2007). Learning about Hearing People in the Land of the Deaf: An Ethnographic Account. *Sign Language Studies*, 7(3), 269-283.

GESSER, A. (2008). Do patológico ao cultural na surdez: para além de um e de outro *ou* por uma reflexão crítica dos paradigmas. *Trabalhos em Linguística Aplicada, 47*(1), 223-240.

GÓES, M. C. R. (1996). *Linguagem, surdez e educação*. Campinas: Editora Autores Associados.

GROCE, N. E. (1985). *Everyone Here Spoke Sign Language: Hereditary Deafness on Martha's Vineyard.* Cambridge, Mass.: Harvard University Press.

GROSJEAN, F. (1982). *Life with Two Languages: An Introduction to Bilingualism.* Cambridge: Harvard University Press.

HAMMEL, R. E., & SIERRA, M. T. (1983). Diglosia y conflicto intercultural: la lucha por un concepto o la danza de los significantes. *Boletim de Antropología Americana* 8, p. 89-109.

HORNBERGER, N. H. (1998). Language Policy, Language Education, Language Rights: Indigenous, Immigrant, and International Perspectives. *Language in Society*, 27, 439-458.

HUMPHRIES, T. (1975). *The Making of a Word: Audism.* (mimeo.).

JONES, T. R. (2001). *Gestuno: International Language.* Pesquisado em http://www.wikipedia.org/wiki/Gestunolanguage.

KLIMA & BELLUGI (1979). *The Signs of Language.* Cambridge: Cambridge University Press.

LABORRIT, E. (1994). *O voo da gaivota.* São Paulo: Best Seller.

LA BUE, M. A. (1995). Language and Learning in a Deaf Education Classroom: Practice and Paradox, in LUCAS, C. (org.), *Sociolinguistics in Deaf Communities.* Washington, DC: Gallaudet University Press, pp. 164-220.

LANE, H. (1984). *When the Mind Hears: a History of the Deaf.* New York: Random House.

LANE, H. (1992). *The Mask of Benevolence.* San Diego: DawnSignPress.

LEITE, T. A. (2008). *A segmentação da língua de sinais brasileira (LIBRAS): um estudo linguístico descritivo a partir da conversação espontânea entre surdos.* Tese de doutorado inédita. São Paulo: USP.

LIDDELL, S. K. (1984). Think and Believe: Sequentiality in American Sign Language. *Language*, 60, 372-399.

LIDDELL, S. K. & JOHNSON, R. E. (1986). American Sign Language Compound Formation Processes, Lexicalization and Phonological Remnants. *Natural Language and Linguistics Theory*, 4, 445-513.

LIMA, M. C. M. P., BOECHAT, H. A., & TEGA, L. M. (2003). Habilitação fonoaudiológica da surdez: uma experiência no CEPRE/FCM/Unicamp, in SILVA, I. R. et alii (orgs.). *Cidadania, surdez e linguagem. Desafios e realidades.* São Paulo: Plexus Editora, pp. 41-53.

LYONS, J. (1987). *Linguagem e linguística: uma introdução.* Rio de Janeiro: Guanabara.

MAHER, T. M. (1996). *Ser professor sendo índio: questões de lingua(gem) e identidade.* Tese de doutorado inédita. Campinas: Unicamp.

MAHER, T. M. (1997). O dizer do sujeito bilíngue: aportes da sociolinguística. *Anais do Seminário Desafios e Possibilidades na Educação Bilíngue para Surdos.* Rio de Janeiro: INES.

MCLAREN, P. (2000). *Multiculturalismo crítico.* São Paulo: Cortez.

MOODY, W. (1987). International Gestures, in VAN CLEVE, J. V. (org.), *Gallaudet Encyclopedia of Deaf People and Deafness.* New York: McGraw-Hill Book Company, Inc., vol. 3, pp. 81-82.

MOORE, M. S., & LEVITAN, L. (1993). *For Hearing People Only: Answers to Some of the Most Commonly Asked Questions about Deaf Community, its Culture, and the "Deaf Reality".* New York: Deaf Life Press.

PADDEN, C., & HUMPHRIES, T. (1988). *Deaf in America: Voices from a Culture.* Cambridge, Mass.: Harvard University Press.

PERLIN, G. (2004). O lugar da cultura surda, in THOMA, A. S. & LOPES, L. C. (orgs.). *A invenção da surdez: cultura, alteridade, identidade e diferença no campo da educação.* Santa Cruz do Sul: EDUNISC, pp. 73-82.

PERLIN, G. (1988). Identidades surdas, in SKLIAR, C. (org.). *A surdez: Um olhar sobre as diferenças.* Porto Alegre: Editora Mediação.

PERLIN, G. (2000). Identidade surda e currículo, in LACERDA, C. B. F. & GÓES, M. C. R. (orgs.). *Surdez: processos educacionais e subjetividade.* São Paulo: Editora Lovise, pp. 23-28.

PINKER, S. (1995). *The Language Instinct: How the Mind Creates Language.* New York: Harper Perennial.

QUADROS, R. M. (1997a). *Educação de surdos: aquisição da linguagem.* Porto Alegre: Artes Médicas.

QUADROS, R. M. (1997b). Aquisição de L1 e L2: o contexto da pessoa surda. *Anais do Seminário Desafios e Possibilidades na Educação Bilíngue para Surdos,* Rio de Janeiro: INES/Instituto Nacional de Surdos.

QUADROS, R. M. (2002). *O tradutor e intérprete da língua brasileira de sinais e língua portuguesa.* Secretaria de Educação Especial - Programa Nacional de Apoio à Educação de Surdos. Brasília: MEC/SEESP.

QUADROS, R. M., & KARNOPP, L. B. (2004). *Língua de sinais brasileira: estudos linguísticos.* Porto Alegre: Artmed.

REIS, V. P. F. (1992). *A criança surda e seu mundo: o estado da arte, as políticas e as intervenções necessárias.* Dissertação de mestrado. Vitória: UFES.

RIBEIRO, B. T., GARCEZ, P. M. (2002). *Sociolinguística interacional.* São Paulo: Edições Loyola.

ROCHA, S. (1997). Histórico do INES. *Espaço: Edição comemorativa 140 anos,* 3-32.

ROMAINE, S. (1995). *Bilingualism.*Oxford: Blackwell.

SACKS, O. (1990). *Seeing Voices: a Journey into the World of the Deaf.* New York: Harper Perennial.

SANTIAGO, I. C. O. (1992). *O que é esperanto: a questão da língua internacional.* São Paulo: Brasiliense.

SANTOS, M. F. C., LIMA, M. C. M. P. , & ROSSI, T. R. F. (2003). Surdez: diagnóstico audiológico, in SILVA, I. R. et alii (orgs.). *Cidadania, surdez e linguagem. Desafios e realidades.* São Paulo: Plexus Editora, pp. 17-40.

SAUSSURE, F. (1995[1916]). *Curso de linguística geral.* São Paulo: Cultrix.

SILVA, I. R. (2005). *As representações do surdo na escola e na família: entre a (in)visibilização da diferença e da 'deficiência'.* Tese de doutorado inédita, Campinas: UNICAMP.

SKLIAR, C. B. (1997). A educação para os surdos: entre a pedagogia especial e as políticas para as diferenças. *Anais do Seminário: Desafios e Possibilidades na Educação Bilíngue para Surdos, 21 a 23 de julho.* Rio de Janeiro: Ed. Lítera Maciel Ltda., pp. 32-47.

SKLIAR, C. B. (1998). *A surdez: um olhar sobre as diferenças.* Porto Alegre: Editora Mediação.

SKLIAR, C. B. (2003). Perspectivas políticas e pedagógicas da educação bilíngue para surdos, in SILVA, S. & VIZIM, M. (orgs.). *Educação especial: múltiplas leituras e diferentes significados.* São Paulo: Mercado de Letras, pp. 85-110.

SKLIAR, C. B. (2006). A inclusão que é "nossa" e a diferença que é do "outro", in RODRIGUES, D. (org.). *Inclusão e educação: doze olhares sobre a educação inclusiva.* São Paulo: Summus, pp. 15-34.

SOUZA, R. M. (1998). *Que palavra que te falta? Linguística, educação e surdez.* São Paulo: Martins Fontes.

SOUZA, R. M. (2002). Educação de surdos e questões de norma, in LODI, A. C. B. et alii (orgs.). *Letramento e minorias.* Porto Alegre: Editora Mediação, pp. 136-143.

SOUZA, R. M. (2007). Entrevista concedida à *Folha Dirigida - São Paulo.*

STOKOE, W. C. (1960). *Sign Language Structure: An Outline of the Visual Communication Systems of the American Deaf.* New York: University of Buffalo Press.

STROBEL, K. (2008). Entrevista concedida ao blog *Vendo Vozes.* Pesquisado em http://blogvendovozes.blogspot.com/search/label/Karin%20Strobel.

STUMPF, M. (2003). Transcrições de língua de sinais brasileira em *signwriting,* in LODI, A. C. B. *et alii* (orgs.). *Letramento e minorias.* Porto Alegre: Editora Mediação, pp. 62-70.

SUPALLA, T. & WEBB, R. (1995). The Grammar of International Sign: a New Look at Pidgin Languages, in EMMOREY, K. & JUDY, S. (orgs.). *Language, Gesture, and Space. International Conference on Theoretical Issues in Sign Language Research,* Hillsdale, N.J.: Erlbaum, pp. 333-352.

VYGOTSKY. L. S. (1984). *A formação social da mente.* São Paulo: Martins Fontes.

XAVIER, A. N. (2006). *Descrição fonético-fonológica dos sinais da língua de sinais brasileira.* Dissertação de mestrado. São Paulo: USP.

WILCOX, S., & WILCOX. P. P. (1997). *Learning to See: Teaching American Sign Language as a Second Language.* Washington, DC: Gallaudet University Press.

WRIGHT, D. (1969). *Deafness. A Personal Account. London*: Faber and Faber.

Esta obra foi composta em Cambria 11/15
e impressa em papel Chambril Avena 80g
para a **Parábola Editorial** em agosto de 2025.

impressão e acabamento:
Forma Certa